La contribution du droit à la réalisation d'un objectif environnemental

Collection « Prix scientifique »

La collection Prix scientifique L'Harmattan publie les manuscrits primés par un jury scientifique qui, sur appel à participation, se réunit une fois par an pour distinguer les mémoires de master 2, les thèses et les HDR dans l'ensemble des domaines couverts par les éditions L'Harmattan.

Le jury est composé de Claudine Blanchard-Laville (sciences de l'éducation, université Paris Nanterre), Jean-Paul Chagnollaud (sciences politiques, CY Cergy Paris Université), Jean-Louis Chiss (linguistique, université Sorbonne Nouvelle Paris 3), Jean-Marc Lachaud (philosophie et esthétique, Université Paris 1 Panthéon Sorbonne), Vincent Laniol (histoire), Jean-Claude Némery (droit, université de Reims, Champagne-Ardenne), Bruno Péquignot (sociologie, université Sorbonne Nouvelle Paris 3) , Thomas Perroud (droit, Panthéon-Assas Université), Xavier Richet (économie, université Sorbonne Nouvelle Paris 3), Denis Rolland (IGESR, histoire et relations internationales, Université de Strasbourg, IUF), Philippe Tancelin (philosophie, études littéraires, université Paris 8 Vincennes Saint-Denis), Gérard Teboul (droit international, université Paris 12-UPEC), Dimitri Uzinidis (économie, université du Littoral, Côte d'Opale).

Dernières parutions

Manon Contreras, *Emotions et virilités à l'écran*, 2023.
Stéphanie Frigout, *Bienveillance et enseignement*, 2023.
Bastien Pouy-Bidard, *Transidentités en éducation physique et sportive (EPS)*, 2023.
Thomas Foehrlé, *Les fictions du nouveau sentiment de soi*, 2023.
Bryan Muller, *Les défenseurs de la Ve république*, 2023.
Camille Haye, *L'espace humanitaire, peau de chagrin dans le conflit au Sahel*, 2023.
Reinan Ramos dos Santos, *Etre soi-même avec les autres*, 2023.
Marie Burger, *La création féminine*, 2023.
Eugénie Duval, *Participation et démocratie représentative*, 2022.
Pierre Rouxel, *Le syndicalisme en restructurations*, 2022.

Gavin Marfaing

La contribution du droit à la réalisation d'un objectif environnemental

L'exemple de la conservation du loup gris en Espagne, en France et en Suède

Préface de Julien Bétaille
Avant-propos de Guillaume Chapron

L'Harmattan

5-7, rue de l'École-Polytechnique – 75005 Paris
www.editions-harmattan.fr
ISBN : 978-2-14-030924-3
EAN : 9782140309243

« L'université n'entend ni approuver ni désapprouver
les opinions particulières de l'auteur. »

À ma mère et à Ana.

SOMMAIRE

REMERCIEMENTS 13

PRÉFACE 15

AVANT-PROPOS 21

PRINCIPALES ABRÉVIATIONS ET PRINCIPAUX SIGLES 27

INTRODUCTION 29

PREMIÈRE PARTIE
Un système normatif orienté vers la réalisation de l'objectif........ 49

TITRE I
La juridicisation sophistiquée de l'objectif 51

CHAPITRE 1
La consécration européenne d'un objectif naissant
en droit international 53

CHAPITRE 2
La traduction juridique de l'objectif 69

TITRE II
L'insertion de l'objectif dans un ordre juridique européen efficace ... 87

CHAPITRE 1
Les facteurs d'efficacité de l'ordre juridique
de l'Union européenne 89

CHAPITRE 2
L'établissement d'un régime juridique
permettant la réalisation de l'objectif 101

DEUXIÈME PARTIE
Les facteurs possibles contribuant à la réalisation de l'objectif....... 121

TITRE I
Les facteurs extra-juridiques favorisant le développement
de l'espèce 123

CHAPITRE 1
Les obstacles à l'étude juridique de facteurs extra-juridiques..... 125

CHAPITRE 2
Les facteurs naturels de contribution à l'objectif 139

TITRE II
Les facteurs juridiques de mobilisation du système normatif 151

CHAPITRE 1
L'intérêt fondamental du contentieux
de la protection de l'espèce 153

CHAPITRE 2
Les facteurs de mobilisation de la norme
insuffisamment exploités 173

CONCLUSION GÉNÉRALE 195

BIBLIOGRAPHIE 201

TABLE DES PRINCIPALES
DÉCISIONS DE JURISPRUDENCE 219

INDEX THÉMATIQUE 221

ANNEXES 223

TABLE DES MATIÈRES 227

REMERCIEMENTS

J'adresse mes plus sincères remerciements à mon directeur de mémoire, Monsieur Julien BETAILLE. Ses connaissances sur l'objet de recherche étudié, sa rigueur et son exigence m'ont permis de progresser tout au long de ce difficile exercice qui est celui de la rédaction d'un mémoire. Je tiens aussi à souligner sa bienveillance et son soutien constant.

Mes remerciements vont également à Monsieur Guillaume CHAPRON pour son aide dans la réalisation de l'analyse quantitative des décisions de jurisprudence ainsi que pour sa relecture de mes travaux. Ses connaissances scientifiques et son expérience dans le domaine de la conservation des grands prédateurs ont été un moteur de ma réflexion.

Je remercie mes directeurs de formation, Monsieur Julien BETAILLE et Monsieur le Professeur Éric NAIM-GESBERT, pour la confiance qu'ils m'ont accordé en m'acceptant au sein du Master 2 droit de l'environnement de l'Université Toulouse Capitole.

Je remercie les équipes du CEDAT, centre de recherche en droit de l'environnement de l'Université Rovira i Virgili de Tarragone, pour m'avoir accueilli dans leur laboratoire de recherche et pour les discussions éclairantes que j'ai pu avoir avec ses chercheurs.

Enfin, je souhaite remercier certains de mes proches pour leur soutien régulier tout au long de mes études, à savoir Matthieu et spécialement Ana.

PRÉFACE

Le loup est une espèce qui fascine et, bien sûr, les juristes n'échappent pas à son charme. Il constitue en effet un formidable cas d'étude du droit de la protection des espèces, si bien qu'à la suite du travail pionnier de Xavier Loubert-Davaine[1], plusieurs générations d'étudiants en DEA puis en Master de droit de l'environnement lui ont consacré leur mémoire de fin d'études.

Alors, le mémoire de Gavin Marfaing n'est-il qu'un mémoire juridique de plus sur le loup ? Nous ne le pensons pas. Non seulement la dimension comparative de cette recherche est inédite (France, Espagne et Suède), mais aussi l'approche retenue est originale, voire audacieuse. En effet, l'auteur n'entend pas simplement décrire le droit positif applicable à l'espèce mais aussi tente-t-il de comprendre en quoi sa protection juridique contribue à son état de conservation. D'un côté, le loup est strictement protégé par la directive Habitats. De l'autre, le « retour » du loup est bien réel, sa population augmente dans la plupart des États européens[2]. Faut-il alors y voir un rapport de cause à effet ? Qu'est-ce qui explique ce succès de la protection de la nature ? Cela résulte-t-il d'une simple coïncidence ou le droit de l'environnement y est-il pour quelque chose ? A l'heure où ce dernier est accusé de ne pas répondre au déclin de la biodiversité, la question ne manque pas de sel.

---

[1] Xavier LOUBERT-DAVAINE, *Loups et Droit*, Les cahiers du CRIDEAU, n°10, PULIM, mémoire, Limoges, 2004.

[2] Guillaume CHAPRON et al., « Recovery of large carnivores in Europe's modern human-dominated landscapes », Science 346 (6216), 1517-1519.

Plutôt que de s'en tenir à une collection d'opinions sur ce sujet, le travail de Gavin Marfaing tente de poser les premières pierres d'un véritable savoir. Refusant de s'en tenir à l'analyse du droit positif, il présente et met en relation les données juridiques et les données extra-juridiques relatives à la conservation du loup, aidant ainsi le lecteur à entrer dans la complexité de son sujet, la contribution du droit à la protection du loup.

L'intérêt d'un tel sujet est substantiel, notamment parce que le loup constitue un exemple éclatant de succès de la protection de la nature. A ce titre, c'est un formidable cas d'étude pour celui qui souhaite décrypter les raisons qui peuvent expliquer un tel succès. Il s'agit ainsi de procéder à une analyse rétrospective dans le but de reconstituer le rôle du droit dans le retour du loup. C'est du moins l'ambition de départ que nous avions donné à ce travail, cela en s'inspirant de travaux antérieurs consacrés à l'ours dans les Pyrénées[3].

Mais ce n'était finalement là que le début des difficultés. Nous engagions alors l'auteur sur un terrain inconnu, ou plutôt sur un terrain inexploré par les juristes. En effet, dépasser les frontières de la description du droit positif pour tenter d'en appréhender scientifiquement le fonctionnement est une marche que la doctrine juridique hésite généralement à franchir. Il y a bien sûr de bonnes raisons à cela : ne pas aller au-delà d'un objet de recherche strictement juridique, ne pas franchir les limites de ce que la méthodologie juridique permet d'appréhender. Cette situation n'en est pas pour autant satisfaisante. Le Professeur Gilles Martin a ainsi pu déplorer cet « angle mort » de la doctrine[4]. En effet, lorsqu'il s'agit d'appréhender les effets des règles juridiques, la doctrine se

---

[3] Voir Julien BETAILLE, *Positive obligations to rescue small populations – A country study on the management of brown bear under the Habitats Directive in France*, Projet *Claws & Laws*, novembre 2017, 92 pages (publication sur HAL) ; « Le droit de l'environnement, instrument de transformation : tentative d'approche dialectique », in *A quoi sert le droit de l'environnement ? Réalité et spécificité de son apport au droit et à la société*, dir. Delphine Misonne, Bruylant, 2018, pp. 53-76.

[4] V. Gilles J. MARTIN, « Les angles morts de la doctrine juridique environnementaliste », *Revue juridique de l'environnement.*, 2021, p. 75.

contente souvent de simples intuitions, voire d'opinions. Quant aux sciences écologiques, lorsqu'elles étudient des objets juridiques, c'est parfois sans même s'en rendre compte. Une aire protégée n'est alors plus une norme juridique mais une simple mesure de conservation parmi d'autres, la protection juridique d'une espèce une simple variable du modèle mathématique, ce qui réduit ainsi l'intérêt de ces études pour la compréhension du droit[5]. C'est un véritable champ disciplinaire qui reste à ouvrir entre le droit et la biologie de la conservation.

C'est en quelque sorte dans cet interstice que s'engage le travail de Gavin Marfaing. Ce dernier a cependant eu la bonne idée de procéder avec prudence. Il a ainsi pris le soin de réaliser un stage sous la direction de Guillaume Chapron, chercheur en écologie à la *Swedish University of Agricultural Sciences*, ce qui lui a permis de mieux appréhender les facteurs écologiques du retour du loup. C'est également du fait de ces circonstances que le travail de Gavin Marfaing a pu s'insérer dans le cadre d'un projet de recherche initié en 2019 visant à analyser sur le plan quantitatif le contentieux des grands carnivores en France[6], données qu'il a su pleinement exploiter dans le cadre de ce mémoire.

L'analyse proposée par l'auteur se présente en partie comme une présentation successive des facteurs juridiques et écologiques. Dans un premier temps, il s'attache à décrire le cadre général dans lequel s'insère l'objectif de protection du loup. Il en analyse la consécration et son insertion dans l'ordre juridique de l'Union européenne, occasion de souligner le degré de perfectionnement du système juridique européen et l'importance de fixer aux États-membres des obligations de résultat à l'image du rétablissement de l'espèce dans un état de

[5] V. par exemple Paul F. DONALD et al., « International Conservation Policy Delivers Benefits for Birds in Europe », Science, 317 (5839), 810-813 ; Fiona J. SANDERSON et al., « Assessing the Performance of EU Nature Legislation in Protecting Target Bird Species in an Era of Climate Change », *Conservation Letters*, 2016, 9, 172-180.

[6] Ce travail a vocation à donner lieu à une publication collective : voir Guillaume CHAPRON, Gavin MARFAING et Julien BÉTAILLE, « Patterns of litigation in France during two decades of recovery of a large carnivore », pre-print, octobre 2022:
https://www.biorxiv.org/content/10.1101/2022.10.11.511781v1.

conservation favorable prévu par la directive Habitats. Il ne faut pas pour autant en tirer des conclusions hâtives : il n'y a point d'hégémonie du droit. S'il contribue probablement au retour du loup, il ne faut pas associer sans précaution le retour du loup et sa protection stricte sur le plan juridique. C'est tout l'intérêt du second temps de l'analyse. L'auteur montre que ce retour est grandement influencé par des facteurs extra juridiques, notamment par la biologie de l'espèce. Il faut alors accepter d'entrer dans une analyse plus fine si l'on souhaite évaluer la contribution du droit. On touche alors aux limites de ce qu'il est possible d'effectuer dans le cadre d'une recherche individuelle. Pour appréhender plus strictement cette contribution, de futures recherches devront nécessairement s'engager dans une approche empirique plus vaste, elles devront analyser des données plus diverses et recourir à un *design* complexe. Ces recherches seront nécessairement collectives et interdisciplinaires.

L'auteur est néanmoins tenace. Il propose une analyse des facteurs juridiques qui permettent de mobiliser le système juridique en faveur du loup. Il met en particulier à profit le travail collectif mené avec Guillaume Chapron pour proposer une étude statistique sur le rôle du contentieux administratif dans la protection du loup. Cela permet notamment de souligner, sur la base d'éléments quantifiés, l'importance et l'efficacité de l'action contentieuse des associations de protection de l'environnement qui savent mobiliser les normes juridiques en faveur de l'espèce. Là aussi, de futurs travaux permettront d'aller plus loin, notamment en quantifiant le nombre de loups concernés par chaque affaire. Il serait alors possible de chiffrer le nombre exact de loups théoriquement « sauvés » par les recours associatifs. Théoriquement en effet, car l'on sait qu'une victoire devant les tribunaux n'est pas nécessairement une victoire sur le terrain dans la mesure où, bien souvent, les décisions des juges interviennent postérieurement à l'exécution des décisions administratives.

Voilà donc quelques-unes des belles perspectives de recherche que le travail de Gavin Marfaing contribue à ouvrir. A n'en pas douter, il fera date. C'est très probablement ce qui a conduit le jury du prix du mémoire des *Editions L'Harmattan*, comme celui du prix du mémoire de la *Société française pour le droit de l'environnement* (SFDE), à distinguer ce travail.

Julien Bétaille,
Maître de conférences à l'Université Toulouse Capitole (IEJUC),
Co-directeur du Master 2 Droit de l'environnement,
Membre de l'*Institut universitaire de France*.

AVANT-PROPOS

Le retour des grands carnivores, loups, lynx et ours, sur le continent européen est un succès inattendu en conservation à plusieurs égards. Tout d'abord, ce retour est à l'opposé de la crise d'extinction massive des espèces et du déclin global de la biodiversité que les scientifiques ont maintenant bien documentés. Ensuite, ce retour semble se produire indirectement, sans programme actif de conservation, comme c'est généralement le cas pour d'autres espèces menacées. Pour terminer, ce retour est une exception aussi parmi les grands carnivores au niveau mondial, dont la majorité des populations sont en déclin. Par exemple, les populations de lions (*Panthera leo*) ont sévèrement décliné partout en Afrique, sauf dans quatre pays d'Afrique australe et pourraient bien disparaître de nombreuses parties du continent africain à l'avenir. La conservation des grands carnivores est d'une manière générale particulièrement difficile car ces espèces sont présentes à de faibles densités, ont souvent de vastes domaines vitaux et entrent en conflit avec les humains et leurs activités. Il est donc remarquable que ces espèces se soient rétablies dans un continent largement anthropisé et industrialisé. Aujourd'hui, les loups (*Canis lupus*) sont présents dans tous les pays d'Europe continentale (à l'exception du Vatican, de Monaco, de Saint-Marin et peut-être d'Andorre). Il existe des populations reproductrices au Danemark, en Belgique et aux Pays-Bas qui ne sont pas a priori des pays que l'imaginaire contemporain associe aux loups. Un recensement récent indique que l'Italie abrite environ 3300 loups. Il y en a près de 1000 en France. Au cours de la dernière décennie, les loups ont fait un retour spectaculaire en Allemagne, affichant des taux de croissance annuels parmi les plus importants rapportés dans les populations de loups avec une population dépassant les 150 meutes. Les loups sont également revenus en Fennoscandie, bien qu'à une échelle plus limitée du fait de décisions politiques restrictives. De manière générale, il existe de multiples raisons pour lesquelles les grands carnivores ont pu se rétablir en Europe. On cite souvent une opinion publique favorable à la conservation de la nature, une base de proies abondante avec des densités élevées d'ongulés et bien sûr une solide protection juridique, qui nous intéresse ici.

En Europe, les grands carnivores bénéficient d'une protection juridique à plusieurs niveaux, allant du droit international aux lois européennes, nationales ou régionales (dans le cas des États fédéraux). Dans le droit européen, les grands carnivores sont listés comme espèces protégées par la Directive Habitats 92/43/CEE. Cette directive impose aux États membres que les grands carnivores atteignent un état de conservation favorable. Les loups figurent dans la plupart des états membres à l'annexe II (qui exige la désignation de zones protégées pour l'espèce) et à l'annexe IV a) (qui exige une protection stricte de l'espèce en vertu de l'article 12 de la directive). Dans certains pays, ou régions à l'intérieur de pays, les loups peuvent aussi être inscrits à l'annexe V (et non à l'annexe IV) qui offre une protection moins stricte et la possibilité d'une chasse régulière. La force de la Directive Habitats réside dans son appartenance à l'architecture juridique de l'Union européenne (UE) et dans la possibilité pour les pays d'être sanctionnés par la Cour de Justice de l'Union Européenne (CJUE) qui fait office de cour suprême de l'Union, notamment par le biais de procédures d'infraction engagées par la Commission Européenne. Un des aspects importants de ce cadre légal est la possibilité pour les associations environnementales de contester en justice les dérogations à la stricte protection dont bénéficient les espèces protégées. Ces possibilités, bien que garanties par la Convention d'Aarhus, sont en pratique assez variables au sein des états membres de l'Union Européenne. En France, le contentieux de l'environnement occupe une part importante des activités des associations de protection de la nature et les actes administratifs sont régulièrement attaqués, sans que cela ne surprenne l'administration. Le contentieux administratif est traditionnellement très ouvert aux recours portés dans l'intérêt collectif. Dans le domaine de la protection des espèces, le loup apparaît comme un bon exemple de l'étendue du contentieux. Le retour de l'espèce a en effet donné lieu à de nombreux conflits dont une partie a trouvé une issue devant les tribunaux. La question est donc de savoir si et comment les tribunaux ont influencé le retour du loup.

Il existe néanmoins peu de recherches quantitatives sur l'importance et le rôle du contentieux de l'environnement dans la conservation des espèces. Le mémoire de Gavin Marfaing est une contribution originale qui vise entre autres à combler cette lacune. Le travail décrit les litiges liés au loup pendant deux décennies en France, en Suède et en Espagne. Ces pays ont des traditions juridiques spécifiques et leurs populations de loups ont aussi des trajectoires différentes. Cela rend la dimension comparative du travail très intéressante. Mais l'originalité du travail de Gavin Marfaing réside plus selon moi dans l'approche quantitative et statistique du contentieux de l'environnement. Avec cette approche, un jugement n'est pas si important en tant que jugement particulier, mais plus comme faisant partie d'un jeu de données plus général. Chaque jugement est en fait un point dans le jeu de données, et la prise en compte de l'ensemble des points constitue alors le jeu de données à partir duquel il est possible d'établir des tendances. Cette approche est routinière en écologie (une unique observation n'a pas de pouvoir explicatif, seule l'analyse de l'ensemble des observations permet d'établir des tendances et de tester des hypothèses), mais reste marginale en droit. Le travail de Gavin Marfaing illustre le potentiel prometteur de telles approches interdisciplinaires, posant les fondations d'un champ d'étude que nous appelons « conservation juridique ».

Une des qualités du mémoire réside aussi dans la prudence de ses conclusions. Il est fondamental de ne pas insinuer de relations de cause à effet entre deux variables sans un traitement statistique approprié et surtout sans une bonne compréhension des différents mécanismes plausibles. Une corrélation n'est pas une causation dans le sens où l'existence d'une protection légale pour une espèce et une dynamique de croissance de cette espèce n'implique pas que la première a causé la seconde. Ainsi, la protection légale et la croissance de l'espèce peuvent être concomitantes simplement par chance. Il se trouve peut-être que cette espèce était protégée, et que pour des facteurs écologiques n'ayant rien à voir avec cette protection, l'espèce est en croissance. La protection légale de l'espèce et sa croissance peuvent aussi être toutes deux causées par un autre facteur, sans que la première n'influence la seconde. Par exemple, un changement dans l'opinion publique en faveur de la protection de la nature pourrait contribuer à la mise en place de lois de protection des espèces et à des pratiques moins destructrices voire à un déclin de l'acceptabilité sociale du braconnage. Dans ce cas, la protection légale n'a pas d'effet direct sur la croissance de l'espèce. Dans le cas autre où il y a bien une relation de cause à effet, il convient aussi de ne pas conclure précipitamment à la direction de la causalité. Intuitivement, l'analyste sera enclin à conclure que la protection légale a causé la croissance de l'espèce, mais on ne peut pas exclure que la croissance de l'espèce ait déclenché sa protection légale, par exemple, dans un contexte où alarmées par le retour d'une espèce sur le territoire national, les autorités décident de la protéger pour prévenir une nouvelle extinction ou tout simplement pour donner à cette espèce un cadre légal. Par ailleurs, les formes des relations de causalité sont aussi importantes à considérer. Elles peuvent être linéaires, avec un seuil ou encore sigmoïdes. Pour terminer parmi ces cas théoriques explicitant la relation entre corrélation et causation, il existe un dernier cas, plus complexe à formaliser. Il s'agit du biais de sélection. Plus d'espèces de vertébrés que d'invertébrés sont protégées. Admettons que les espèces protégées se rétablissent plus que le reste des espèces, et donc que les espèces de vertébrés se rétabliront plus que les espèces d'invertébrés. Cela ne voudra pas dire pour autant que la protection sera plus efficace quand une espèce est un vertébré.

Ma recommandation aux juristes faisant le saut de l'approche quantitative voire empirique est de faire le saut du bon côté : celui des statisticiens et de l'approche Poppérienne de réfutation d'hypothèses, à l'opposé de certaines approches parfois observées en sciences sociales où une hypothèse causale est tellement souhaitable qu'elle est quasiment toujours confirmée. Gavin Marfaing illustre la nécessaire nuance dans le traitement des relations de cause à effet en prenant l'exemple du retour du loup en Suède : la population Suédoise de loups a certes cru suite à l'entrée du pays dans l'Union Européenne et donc à la protection légale du loup par la Directive Habitats. Néanmoins, les loups étaient présents en Suède depuis plus d'une décennie sans que leur population ne croisse pour autant. C'est en fait l'arrivée de loups génétiquement distincts depuis la Finlande qui a contribué à réduire la consanguinité et au final à la croissance de la population. Le rôle du droit est ici en pratique négligeable, si ce n'est de limiter les possibilités de porter atteinte à l'espèce (par exemple une région Suédoise avait demandé en 1984 l'ouverture de la chasse au loup alors que la population ne comptait que 8 individus). Il est donc nécessaire de joindre une connaissance biologique, juridique, politique et statistique pour développer des connaissances judicieuses dans les systèmes socio-écologique complexes. Appliqué au domaine du droit de la protection de la nature, le mémoire de Gavin Marfaing trace des pistes très intéressantes.

Guillaume Chapron
Chercheur en écologie
Université Suédoise des Sciences Agricoles (SLU)

PRINCIPALES ABRÉVIATIONS ET PRINCIPAUX SIGLES

Abréviations relatives aux publications

AJA : *Actualidad Juridica Ambiental*
AJDA : Actualité juridique. Droit administratif
JEEPL : *Journal for European Environmental & Planning Law*
NELJ : *Nordic Environmental Law Journal*
Rev. jur. env. : Revue juridique de l'environnement
RSDA : Revue semestrielle de droit animalier
RIDC : Revue internationale de droit comparé

Abréviations relatives aux institutions

CAA : Cour administrative d'appel française
CE : Conseil d'État français
CJCE : Cour de justice des communautés européennes
CJUE : Cour de justice de l'Union européenne
FST : *Förvaltningsrätten* (tribunal administratif suédois)
HFD : *Högsta förvaltningsdomstolen* (Cour administrative suprême suédoise)
KST : *Kammarrätten* (Cour administrative d'appel suédoise)
TA : Tribunal administratif français
TS : *Tribunal Supremo* (Tribunal suprême espagnol)
TSJ : *Tribunal Superior de Justicia* (tribunal de seconde instance espagnol
UE : Union européenne

Divers

§ : paragraphe
al. : alinéa
coord. : coordination (sous la, de)

Dir. :	direction (sous la, de)
éd. :	édition
et al. :	et les autres (auteurs)
Ibid. :	*Ibidem*
Infra :	voir plus bas
JOUE :	Journal officiel de l'Union européenne
JOCE :	Journal officiel des Communautés européennes
JORF :	Journal officiel de la République française
n° :	numéro
op. cit. :	œuvre citée précédemment
p. :	page
Rec. :	recueil
s. :	suivant
Supra :	voir plus haut
UE :	Union européenne
TFUE :	Traité sur le fonctionnement de l'Union européenne
TUE :	Traité sur l'Union européenne
V. :	voir
vol. :	volume

INTRODUCTION

> « *[L]e loup fait figure de cas d'espèce,*
> *à la croisée de l'anthropologie, du droit et de la science [...].* »[7]

1. Étudier la contribution du droit à la réalisation d'un objectif politique européen impose de choisir une étude de cas appropriée. Tel est le cas de la conservation du loup gris (*Canis lupus, Linnaeus, 1758*). Par plusieurs aspects, il est un cas d'espèce idéal. Ce grand prédateur, source de pléthore de symboles et de mythes, représente la complexité des relations entre l'espèce humaine et son environnement. En effet, le loup est omniprésent dans la culture occidentale. C'est ainsi qu'on le retrouve dans la mythologie romaine et scandinave[8], dans la littérature[9] ou dans de nombreux récits historiques, tel que celui de la bête du Gévaudan en France. Historiquement ses populations sont chassées, en France, depuis l'institution des lieutenants de louveterie en 812, à l'initiative de Charlemagne, après la publication du texte dit Capitulaire « *de villis vel curtis imperii* ». La louveterie existe encore aujourd'hui, et ce malgré l'extinction de l'espèce au XXe siècle[10].

---

[7] Éric NAIM-GESBERT, *Droit général de l'environnement*, LexisNexis, 2019, p. 244.

[8] Les jumeaux fondateurs de la ville de Rome, Romulus et Rémus, auraient été recueillis par une louve à la suite de leur abandon. L'espèce est aussi présente dans la mythologie nordique à travers la figure du loup Fenrir.

[9] Citons par exemple le poème « La mort du loup » d'Alfred de VIGNY, qui est particulièrement renommé.

[10] Sur l'histoire de la louveterie, v. Annie CHARLEZ, *Le droit de la chasse*, Editions France Agricole, 2014, p. 239-249. La loi n°71-552 du 11 juillet

2. Souffrant d'une image de « *méchant loup* »[11], il a longtemps été considéré comme une espèce nuisible[12] et régulé à ce titre. La dynamique de ses populations a été décroissante, sur le continent européen, lors des XIXe et XXe siècles. C'est dans ce contexte qu'est née, dans la seconde moitié du XXe siècle, une volonté politique de protéger la nature. Depuis, et pour des raisons plurielles qu'il s'agira de présenter, dans la mesure du possible, la tendance a été inversée et *Canis lupus* est de retour en Europe.

I. Définition et appréhension scientifique de l'objet de recherche

3. Le concept d'objectif est défini, « *en politique législative* », comme « *le but que se propose la loi* »[13]. La conservation du loup gris résulte en premier lieu d'un objectif général de protection de la biodiversité et donc de la faune sauvage[14] et en second lieu d'un objectif plus sophistiqué, le statut d'état de conservation favorable de l'espèce. La juridicisation de ce dernier est la conséquence de la prise en

---

1971 tendant à adapter le corps des lieutenants de louveterie à l'économie moderne a modernisé ses statuts et ses missions.

[11] Jean-Marc MORICEAU, *Histoire du méchant loup : 10 000 attaques sur l'homme en France (XVe-XXIe siècle)*, Fayard, 2016.

[12] En France, le loup était tributaire de la législation relative aux animaux dits « nuisibles » jusqu'aux décrets n°2001-450 et 2001-451 du 25 mai 2001. V. à ce propos Amélia CROZES, « La place de l'anthropocentrisme dans la notion « d'espèce nuisible » : état des lieux et évolutions d'un statut fonctionnel », *Rev. jur. env.*, 2018/4, vol. 43, p. 693-718 et Xavier PERROT, « Bêtes fauves, animaux malfaisants et nuisibles dans la loi du 3 mai 1844 sur la police de la chasse. Entre taxinomie administrative et casuistique », *RSDA*, n°1/2012, p. 365-390.

[13] Gérard CORNU, *Le vocabulaire juridique*, 12e éd., PUF, 2018, p. 700.

[14] Le troisième alinéa du I de l'article L. 110-1 du Code de l'environnement définit la biodiversité de la manière suivante : « *On entend par biodiversité, ou diversité biologique, la variabilité des organismes vivants de toute origine, y compris les écosystèmes terrestres, marins et autres écosystèmes aquatiques, ainsi que les complexes écologiques dont ils font partie. Elle comprend la diversité au sein des espèces et entre espèces, la diversité des écosystèmes ainsi que les interactions entre les organismes vivants.* ».

considération politique, en particulier par l'Union européenne[15], de l'érosion massive et rapide de la biodiversité. Il s'agit d'une urgence environnementale qui est désormais largement documentée par la science[16]. D'autres objectifs politiques environnementaux ont pu être énoncés et traduits juridiquement. C'est le cas en droit de l'urbanisme[17], en droit de l'énergie[18], mais encore en droit des ressources naturelles[19] ou en droit des déchets[20]. De la même manière que l'état de conservation favorable, ces deux derniers formulent des objectifs initialement

---

[15] Pour des raisons de commodité, « Union européenne » et « Communauté européenne » seront confondus.

[16] Voir à ce sujet les articles synthétiques de Luc ABBADIE, « L'effondrement de la biodiversité, jusqu'où ? », *Rev. jur. env.*, vol. 43, n°3, 2018, p. 455-457 ; de Michel DUROUSSEAU, « Le constat : la biodiversité en crise », *Rev. jur. env.*, 2008, vol. 33, n° 1, p. 11-19 ou encore de Philippe LEBRETON, « L'état de l'environnement : un bilan scientifique » *in* Jean UNTERMAIER, « *Des petits oiseaux aux grands principes* », Mare et Martin, 2018, p. 45-47. Pour une approche européenne, voir les rapports EUROPEAN ENVIRONMENT AGENCY *et al.*, *State of nature in the EU: results from reporting under the nature directives 2007–2012*, LU, Publications Office, 2015 et EUROPEAN ENVIRONMENT AGENCY, State of nature in the EU: results from reporting under the nature directives 2013 2018, LU, Publications Office, 2020. Pour une approche française, voir le rapport du MINISTÈRE DE LA TRANSITION ECOLOGIQUE ET SOLIDAIRE, *L'environnement en France – édition 2019 | Rapport de synthèse*, La documentation Française, 2019.

[17] L'article L. 101-2, 1°, du Code de l'urbanisme énonce que l'action des collectivités publiques en matière d'urbanisme vise à atteindre un équilibre entre plusieurs éléments (la lutte contre l'étalement urbain, la préservation des espaces agricoles et forestiers et la protection des sites, etc.).

[18] L'article L. 100-4 du Code de l'énergie énonce une liste de onze objectifs environnementaux. On retrouve ainsi un objectif de réduction des émissions de gaz à effet de serre de 40% entre 1990 et 2030 ou de réduction de la consommation énergétique primaire des énergies fossiles de 40% en 2030 par rapport à 2012.

[19] Le I de l'article L. 211-1 du Code de l'environnement dispose que les dispositions du titre Ier du livre II (qui porte sur l'eau et les milieux aquatiques et marins) « *ont pour objet une gestion équilibrée et durable de la ressource en eau* ». Cet objectif est par la suite subdivisé en plusieurs sous-objectifs.

[20] De nombreux objectifs sont ainsi énoncés par le I de l'article L. 541-1 du Code de l'environnement, comme la réduction de la production des déchets (1°), de l'augmentation de la quantité de déchets faisant l'objet d'une valorisation (3°) ou encore de l'augmentation du recyclage de plastique à 100% d'ici le 1er janvier 2025 (4°).

européens[21]. En outre, cette énonciation de nombreux objectifs politiques environnementaux correspond à l'acception finaliste du droit de l'environnement, telle qu'elle a été définie par la doctrine[22].

4. Il s'agit d'étudier rétrospectivement quelle a été la part de contribution du droit dans la réalisation de l'objectif de conservation du loup gris. Pour ce faire, il faudra rechercher et identifier un potentiel lien de causalité entre l'action du droit et le rétablissement de l'espèce. Toutefois, l'étude de facteurs juridiques ne peut pas permettre, à elle seule, d'expliquer un tel phénomène, en ce sens qu'il est nécessairement multifactoriel. Les causes qui permettraient d'expliquer le rétablissement de l'espèce, se composent d'une influence directe ou indirecte, et à des degrés d'influence différents, d'un ensemble de facteurs certes juridiques, mais aussi extra-juridiques[23]. La conséquence en est qu'il n'y a pas qu'un seul type de lien de causalité, mais plusieurs, le droit n'étant pas la seule forme de contribution. Toutefois, l'objet de notre étude est la contribution du droit à la réalisation d'un objectif politique. Dès lors, il convient de distinguer les formes de contribution propres aux facteurs juridiques des formes de contribution qui ne sont pas juridiques. Considérer les formes de contribution extra-juridiques pertinentes est donc nécessaire.

5. Ainsi, dans le cas contraire, si nous n'étudions que le degré d'influence des facteurs juridiques seuls, nous ne

---

[21] Par exemple, l'objectif de porter à 33% en 2030 la part des énergies renouvelables de la consommation finale brute d'énergie provient de la directive sur les énergies renouvelables n°2018/2001 (l'objectif français est même plus ambitieux que l'objectif européen qui est de 32% selon l'article 2 de la directive). En 2021, l'accord « *fit for 55* » trouvé entre la Commission européenne et le Parlement européen prévoit d'hausser l'objectif de réduction des gaz à effet de serre à 55% en 2030 par rapport à 1990. De la même manière, les objectifs relatifs à la qualité des eaux sont issus de la directive-cadre sur l'eau de 2000 (n° 2000/60/EC).

[22] V. Michel PRIEUR et al., *Droit de l'environnement*, Dalloz, 8e éd., 2019, p. 8 ou, pour une synthèse de la définition finaliste, Éric NAIM-GESBERT, *Droit général de l'environnement*, *op. cit.*, p. 9.

[23] V. Julien BETAILLE, *Les conditions juridiques de l'effectivité de la norme en droit public interne, illustrations en droit de l'urbanisme et en droit de l'environnement*, thèse, droit, dactyl., Limoges, 2012.

pourrions pas identifier avec justesse la contribution de ces derniers. Les liens de causalités identifiés excluraient alors la contribution des facteurs extra-juridiques pour ne retenir que celle des facteurs juridiques. C'est la raison pour laquelle notre raisonnement serait erroné puisqu'il considérerait que le droit a exclusivement contribué à réaliser l'objectif, en l'absence d'une quelconque considération des autres formes de contribution. Le recours à une méthodologie interdisciplinaire [24] est par conséquent nécessaire aux fins d'intégrer l'étude de facteurs extra-juridiques dans notre analyse. Partant, toute étude de la contribution du droit à la réalisation d'un objectif politique s'inscrit dans un contexte factuel différent, que ce soit dans le domaine du droit de l'environnement ou dans celui d'une autre matière juridique. La diversité de disciplines extra-juridiques pouvant être intégrées à une analyse juridique par le biais d'une méthode interdisciplinaire varie donc, naturellement, en fonction de l'objet de recherche étudié. Concernant l'étude de la conservation du loup gris et de la conservation des grands prédateurs plus généralement, il est pertinent d'intégrer la sociologie et les sciences naturelles. En premier lieu, en sociologie, c'est en particulier l'acceptabilité sociale de l'espèce qui est un facteur de contribution dans la mesure où le retour du loup gris peut engendrer des contestations sociales, lesquelles peuvent influencer la réalisation de l'objectif. C'est un point commun entre l'Espagne, la France et la Suède. En second lieu, pour ce qui est des facteurs scientifiques de contribution, ces derniers sont essentiellement liés à l'écologie et à la biologie de l'espèce.

---

[24] À ce sujet, la Pr. CHAMPEIL-DESPLATS distingue pluridisciplinarité, interdisciplinarité et transdisciplinarité. L'interdisciplinarité est définie comme une utilisation concomitante des savoirs pour une même étude, entre des disciplines dont les problématiques se recoupent partiellement ; alors que la pluridisciplinarité juxtapose des points de vue scientifique sur un objet d'étude donné sans mélanger lesdits points de vue entre eux. La transdisciplinarité est définie comme un degré supérieur à l'interdisciplinarité dans lequel le chercheur abandonne le point de vue d'une discipline particulière et fait le pari d'une méthode syncrétique (Véronique CHAMPEIL-DESPLATS, *Méthodologie du droit et des sciences du droit*, 2e éd., Dalloz, coll. « Méthodes du droit », 2016, p. 346 et s.).

6. En revanche, la prise en compte de ces deux disciplines ne signifie pas qu'elles sont les seules dont les savoirs participent à la compréhension de la réalisation de l'objectif, parmi les sciences non juridiques. L'étude d'autres disciplines pourrait être également pertinente en raison de l'importante transversalité du droit de l'environnement[25]. Il y aurait un intérêt à avoir une approche anthropologique, économique ou historique. Mais d'une part les facteurs scientifiques et sociologiques ont une contribution particulièrement importante, et d'autre part, la méthode interdisciplinaire impose de limiter les facteurs extra-juridiques que l'on souhaite intégrer à notre analyse afin de conserver une rigueur méthodologique. Nous avons travaillé avec Guillaume CHAPRON, que nous remercions, professeur associé d'écologie (maître de conférences HDR) à l'Université suédoise des sciences agricoles, pour recenser les facteurs de contribution scientifiques à la réalisation de l'objectif ainsi que pour évaluer quantitativement les décisions de jurisprudence relatives à la protection de l'espèce dans les trois pays de notre étude. Ces aspects seront donc particulièrement développés. Par ailleurs, si l'acceptabilité sociale de l'espèce est intégrée à notre analyse, cette prise en compte sera limitée par nos compétences. En effet, nous n'avons pas pu nous associer à un sociologue dans le cadre de cette recherche. Une limite importante de notre méthode est donc qu'elle ne prend pas en considération l'ensemble des facteurs extra-juridiques pour lesquels une contribution à la réalisation de l'objectif est possible. Cette difficulté méthodologique sera développée.

7. Le loup gris est une espèce dont l'étude est particulièrement pertinente. Historiquement présent dans chacun des trois États, ses populations y ont eu les mêmes dynamiques. D'autres grands carnivores font aussi l'objet d'un objectif et d'un retour similaires[26], à l'instar de l'ours brun

---

[25] V. Raphaël ROMI, « La « transversalité », caractéristique, moteur et frein du droit de l'environnement », *in* Jacqueline MORAND-DEVILLER, *Confluences*, Montchrestien, 2007, p. 913-923.

[26] Guillaume CHAPRON et al., « Recovery of large carnivores in Europe's modern human-dominated landscapes », *Science*, décembre 2014, vol. 346, n° 6216, p. 1517-1519.

(*Ursus arctos*) et du lynx (*Lynx pardinus*). À plus forte raison, le cas du loup gris est plus opportun dans la mesure où les décisions de jurisprudence le concernant sont plus nombreuses que celles relatives à l'ours ou au lynx, assurant par conséquent la faisabilité de notre étude. Le détail de l'évolution de ses dynamiques de populations dans chacun des trois États est présenté en annexe 1 (tableau 1, 2 et 3). Mais à ce stade, il est important de souligner la similarité de ces trois dynamiques distinctes. Précisons toutefois que les chiffres présentés *infra* relèvent d'estimations statistiques et ne correspondent donc pas nécessairement au nombre de loups réels. En Espagne, en raison de politiques d'éradication de l'espèce, il ne restait que 1500 loups en 1988. En 2002, la population espagnole de loups était de 2000 individus[27]. Aujourd'hui, le retour du loup dans la péninsule ibérique est confirmé, avec un total de 2500 loups, dont environ 300 vivraient au Portugal, soit 2200 en Espagne. Si les loups ne sont plus recensés dans leur totalité dans le pays, le nombre de meutes l'est encore. Il était ainsi nettement en hausse selon le dernier recensement de l'espèce. En 2007, on comptabilisait 250 meutes contre 297 meutes en 2014[28]. En France, le loup a disparu du territoire métropolitain en 1937[29]. Il est communément estimé que sa réapparition est le résultat d'une migration naturelle depuis l'Italie via le parc national du Mercantour en 1992[30]. À la fin de l'hiver 2019-2020, on comptait sur le territoire français un total de 577 loups[31] et 624 loups à la fin de l'hiver 2020-2021. Le rapport le plus récent revoit à la hausse le nombre de loups, avec un total de 921

---

[27] V. https://loboiberico.com/el-lobo/el-lobo-en-la-peninsula-iberica/, consulté le 18 juin 2021.

[28] MINISTERIO DE AGRICULTURA, ALIMENTACION Y MEDIO AMBIENTE, *Censo 2012-2013 de lobo ibérico (Canis lupus, Linnaeus, 1758) en España*, rapport, 2014.

[29] Plus précisément, le loup aurait été éradiqué du territoire français en 1937, selon François de BEAUFORT, *Écologie historique du loup, Canis lupus I, 1758 en France*, thèse, écologie, Rennes I, 1988.

[30] Michel PRIEUR et al., *Droit de l'environnement, op. cit.*, p. 453.

[31] V. https://www.loupfrance.fr/suivi-du-loup/situation-du-loup-en-france/, consulté le 18 juin 2021.

individus à la fin de l'hiver 2021-2022[32]. De la même manière, en Scandinavie, il ne restait qu'une dizaine de loups dans les années 1960, Suède et Norvège comprises. Ce nombre a été porté à 34 en 1999 puis à 395 en 2021 en Suède, en comptabilisant environ cinquante individus transfrontaliers, lesquels sont partagés avec la Norvège[33]. En dépit de cela, ces dynamiques doivent être relativisées. Il ne saurait, en effet, être rappelé que l'état de conservation favorable n'a pas été pleinement atteint pour *Canis lupus*. C'est le cas de la Suède où il n'y a pas encore de consensus scientifique sur l'état de conservation favorable du loup gris, en raison de la consanguinité importante de la population de loups du pays. Il s'ajoute à cela que la population lupine de la Sierra Morena en Espagne est éteinte[34], ce qui constitue la première extinction d'un grand carnivore dans l'Union européenne. La situation de l'espèce s'est donc globalement améliorée et cela rend pertinent son étude vis-à-vis de notre objet de recherche, mais plusieurs défis demeurent pour réaliser pleinement l'objectif de sa conservation.

---

[32] PREFET DE LA REGION AUVERGNE-RHONE-ALPES, Dernière estimation de la population de loups en France, Communiqué de presse, 2022, disponible sur https://www.auvergne-rhone-alpes.developpement-durable.gouv.fr/communique-de-presse-derniere-estimation-de-la-a22021.html, consulté le 4 octobre 2022.

[33] V. https://www.naturvardsverket.se/Sa-mar-miljon/Vaxter-och-djur/Rovdjur/Fakta-om-varg/,
consulté le 18 juin 2021. Nous avons également utilisé les données du projet « Skandulv », consultables sur le site de l'Université suédoise des sciences agricoles :
https://www.slu.se/en/departments/ecology/research/teman/wildlife-and-predators-/skandulv/publications/, consulté le 18 juin 2021.

[34] José Vicente LÓPEZ-BAO, Floor M. FLEURKE, Guillaume CHAPRON, Arie TROUWBORST, « Legal obligations regarding populations on the verge of extinction in Europe: Conservation, Restoration, Recolonization, Reintroduction ». *Biological Conservation*, novembre 2018, vol. 227, p. 319-325.

II. L'intérêt de proposer une méthode d'évaluation du droit

8. L'étude de la contribution du droit à la réalisation d'un objectif, en l'occurrence l'état de conservation favorable du loup gris, s'inscrit dans le cadre d'une démarche de sociologie du droit de l'environnement[35] et plus particulièrement de l'étude de son effectivité et de son efficacité[36]. Car en effet, « *si la protection par la règle de droit progresse* [en droit de la biodiversité], *c'est de son effectivité qu'il faut se préoccuper.* »[37]. À ce propos, la société civile est parfois critique à l'égard du droit de l'environnement en soutenant qu'il n'est pas suffisamment efficace pour répondre aux diverses urgences environnementales. C'est la raison pour laquelle l'intérêt de cet objet de recherche est de proposer une évaluation de la capacité du droit de l'environnement à atteindre les objectifs qu'il poursuit et, le cas échéant, de présenter les causes et conditions de cette capacité. À propos de l'intérêt de ce type de recherche, le Professeur Gilles J. MARTIN remarque que « [*o*]*n constate que les autorités internationales, européennes* [...] *comme les sphères scientifiques intéressées, tentent de mettre en œuvre des outils visant à mesurer l'effet des mesures prises, notamment en définissant des indicateurs scientifiques et économiques et en déployant des réseaux de surveillance, par exemple de la biodiversité terrestre. Rien de tel chez les juristes, qui s'interrogent régulièrement sur l'effectivité et l'efficacité du droit dans leur domaine, mais qui ne s'intéressent que très peu aux outils susceptibles de* mesurer *ou* d'évaluer *de façon un peu objective cette effectivité* »[38].

---

[35] V. Éric NAIM-GESBERT, *Droit général de l'environnement*, *op. cit.*, p. 34-39.

[36] V. Julien BÉTAILLE, *Les conditions juridiques de l'effectivité de la norme en droit public interne, illustrations en droit de l'urbanisme et en droit de l'environnement*, thèse, droit, dactyl., Limoges, 2012, p. 14-22 sur la définition de l'effectivité et sur sa distinction avec l'efficacité.

[37] Jacqueline MORAND-DEVILLER, *Le droit de l'environnement*, 12e éd., Que sais-je ?, PUF, 2019, p. 38.

[38] V. Gilles J. MARTIN, « Les angles morts de la doctrine juridique environnementaliste », *Rev. jur. env.*, 2021, vol. 45, n°2020/1, p. 75.

9. Il faut ajouter à cela que les facteurs de contribution du droit[39] à la réalisation de l'objectif identifiés pourraient être utilisés par des recherches ultérieures pour l'étude de la réalisation d'autres objectifs politiques[40]. Par ailleurs, notre recherche s'inscrit dans le cadre d'une réflexion théorique relative au développement de méthodes empiriques pour l'étude de l'impact qu'ont les normes juridiques.

III. Une approche de droit comparé contextuelle

10. Trois raisons peuvent être citées quant à l'intérêt de réaliser une étude de droit comparé. D'abord, puisque notre objet concerne la réalisation d'un objectif politique européen, il convient alors d'étudier la réalisation de cet objectif à l'échelle de l'ordre juridique de l'Union et donc dans plusieurs États membres. Il s'ajoute à cela que la comparaison entre ces plusieurs États peut permettre d'observer certains facteurs de contribution dans un État A sans l'apercevoir pour autant dans un autre État B, et ce faisant d'enrichir nos connaissances sur la capacité du droit à contribuer à la réalisation d'un objectif. Mais encore, le droit comparé permet d'étudier les différentes conditions de la transposition et de l'application du droit de l'Union européenne.

11. La méthode de droit comparé que nous aurons sera la méthode contextuelle. Cette dernière s'oppose à la méthode fonctionnaliste. Le fonctionnalisme considère que la règle juridique résout des problèmes sociaux et compare la manière dont ces problèmes sont réglementés. Les normes sont alors

---

[39] Michel PRIEUR et al., *Les indicateurs juridiques, Outils d'évaluation de l'effectivité du droit de l'environnement*, Institut de la Francophonie pour le Développement Durable, 2018.

[40] Cela pourrait présenter un intérêt, en particulier pour les objectifs qui sont difficilement réalisés. Ainsi en France, l'article 46 de la loi Grenelle I (Loi n° 2009-967 du 3 août 2009 de programmation relative à la mise en œuvre du Grenelle de l'environnement, JORF n°0179 du 5 août 2009) prévoyait un objectif de recyclage de 75% des déchets ménagers, initialement fixé en 2012 mais depuis repoussé en 2016, puis en 2022. En 2020, le taux de recyclage a été de 68%, en recul par rapport à 2019 (68,8%), v. https://www.actu-environnement.com/ae/news/bilan-2020-citeo-taux-recyclage-emballages-papiers-37844.php4#xtor=ES-6, consulté le 7 juillet 2021.

comparées et décrites mais elles ne font pas l'objet d'un travail de contextualisation propre au système juridique dans lequel elles évoluent. L'écueil principal de cette méthode est sa neutralité descriptive. Avec la méthode fonctionnaliste, un comparatiste civiliste français étudiant le droit anglais se contenterait de dire qu'il ne s'y trouve pas de Code civil. En se limitant à cette comparaison et donc en excluant l'étude des traditions et coutumes du Royaume-Uni, ce comparatiste ne conclurait pas que si les Anglais n'ont pas de Code civil, c'est que pour eux la justice consiste à laisser une marge d'appréciation au juge pour apprécier le cas d'espèce qui lui est soumis. Alors qu'à l'inverse, selon la conception française de la justice, codifier le droit favorise l'accessibilité et l'intelligibilité des normes[41]. Chaque ordre juridique est donc le résultat d'une épistémè [42] spécifique. C'est en raison de cela qu'il est nécessaire de contextualiser notre objet de recherche dans l'espace, dans le temps, mais aussi au regard de facteurs juridiques, culturels, sociaux ou économiques propres aux pays étudiés. Cette contextualisation permet alors au comparatiste de comprendre l'ordre juridique différent du sien qu'il étudie et ainsi de ne pas tirer de conclusions trop hâtives et dénuées d'intérêt. En outre, elle apporte une solution au principal écueil du comparatisme, soit un ethnocentrisme juridique inévitable qui consiste à rattacher tout ce que l'on observe de l'étranger à son propre ordre juridique[43]. Plus précisément, le contextualiste cherchera « *par l'expérience* » à « *développer une certaine*

---

[41] Cet exemple du Code civil est pris par Pierre LEGRAND, « La comparaison des droits expliquée à mes étudiants », *in* Pierre LEGRAND (dir.), *Comparer les droits, résolument*, PUF, 2009, p. 209 et s.

[42] Ce concept a été utilisé par le philosophe Michel FOUCAULT. Il est défini par le dictionnaire en ligne Le Robert comme « *[l]'ensemble des connaissances réglées (conception du monde, sciences, philosophies...) propres à un groupe social, à une époque.* ». V. https://dictionnaire.lerobert.com, consulté le 14 juin 2021.

[43] Selon Pierre LEGRAND, *op. cit.*, p. 213 : « *Chaque juriste français qui se consacre à l'étude du droit étranger doit admettre qu'il aborde son travail animé par un pré-entendement et que l'existence de ce pré-entendement est très largement incontournable.* ». Toutefois il précise que le juriste est plus ou moins enclin à s'émanciper de cette « *enceinte mentale* » en fonction de sa réceptivité aux ordres juridiques qui lui sont étrangers.

intuition »[44]. Cette expérience peut provenir, par exemple, de la connaissance de la langue du pays étudié, de sa culture et de ses traditions et d'échanges avec des universitaires et praticiens du droit étrangers. Mais aussi, plus traditionnellement, de la lecture de la doctrine universitaire, des normes, des décisions de jurisprudence et des travaux préparatoires étrangers[45]. Par cet aspect, la méthode contextualiste rejoint la méthode interdisciplinaire de l'étude de notre objet de recherche, qui implique en partie une approche anthropologique et sociologique dudit objet[46]. L'Espagne, la France et la Suède ont été retenus en fonction des connaissances culturelles, linguistiques et juridiques de l'auteur de la présente étude. Par ailleurs, ces trois pays sont membres de l'Union européenne et leurs populations de loup gris respectives ont suivi des évolutions similaires depuis le XIXe siècle[47]. Il est aussi disponible, pour chacun, suffisamment de sources juridiques et doctrinales pour assurer la faisabilité de notre recherche. Enfin, le choix de la Suède est particulièrement intéressant, dans la mesure où un certain mythe entoure cet État. Selon le Pr. Gabriel MICHANEK, ce mythe consiste à considérer que la Suède est un « *pays 'pionnier' dans le domaine de l'environnement, qui 'montre la voie' au reste du monde par ses objectifs environnementaux* »[48]. Ce mythe est régulièrement discuté par les universitaires suédois, par exemple dès 1987 par le Pr. Staffan WESTERLUND[49]. Notre approche contextuelle

---

[44] Uwe KISCHEL, « La méthode en droit comparé - L'approche contextuelle », *RIDC*, 4-2016, p. 11 et s.

[45] Jan DARPÖ, Annika NILSSON, Ur Miljøretlige emner, Festskrift til Ellen Margrethe Basse (Jurist- og økonomforbundets forlag, Köpenhamn, 2008), Kap. 11 « On the Comparison of Environmental Law », p. 7.

[46] Sur l'interdisciplinarité du droit comparé, v. Elisa MORGERA, « Global Environmental Law and Comparative Legal Methods: Global Environmental Law and Comparative Legal Methods », Review of European, Comparative & International Environmental Law, novembre 2015, vol. 24, n°3, p. 262.

[47] Voir annexe 1.

[48] Gabriel MICHANEK, « Artskyddet, Politiken och juridiken », *in Bertil Bengtsson 90 år* (Stockholm: Jure, 2016), p. 384. Le Pr. Gabriel MICHANEK ne décrit pas la Suède de cette manière, dans cet article, mais reprend cette affirmation récurrente afin de la discuter.

[49] Après avoir énoncé que la qualité du droit de l'environnement s'est détériorée entre 1974 et 1987 et en essayant d'en expliquer les raisons, il

implique désormais de présenter, sommairement, le système juridique de chacun de ces trois États.

12. L'Espagne est une monarchie constitutionnelle appartenant à la famille juridique du droit civil. À la différence de la France et de la Suède, il s'agit d'un État régional. Le pouvoir législatif, bicaméral, y est partagé entre le Congrès (chambre basse) et le Sénat (chambre haute) au niveau étatique, et est détenu par les parlements régionaux au niveau des communautés autonomes. Cette dichotomie se retrouve pour le pouvoir exécutif, partagé entre le gouvernement et son administration au niveau de l'État puis entre les gouvernements et les administrations autonomes au niveau régional. Les principales juridictions régionales de première instance sont les « *Audiencias y Juzgados* » (première instance) et les « *Tribunal Superiores de Justicia* » (seconde instance, ci-après TSJ). Au niveau étatique, la principale juridiction est le « *Tribunal Supremo* (ci-après TS)[50]. Un tribunal constitutionnel opère un contrôle de la constitutionnalité des lois. Les compétences environnementales sont réparties entre l'État et les communautés autonomes. Le 1., 9°, de l'article 148 de la Constitution dispose que les communautés autonomes ont la compétence de la « *gestion de la protection de l'environnement* ». Selon le 23° du 1. de l'article 149, l'État est compétent pour établir les principes généraux de la protection de l'environnement, sans préjudice des compétences des

---

considère que l'existence de ce mythe conduit les politiciens et les juristes à croire en sa véracité. Dès lors, ils ne s'interrogent plus sur l'effectivité du droit. « *Another reason is that in Sweden one specific myth is still upheld, namely that Sweden is far ahead as regards environmental law and control. Because of that belief, politicians and lawyers have not shown any significant interest in evaluating the present state of affairs, nor in analyzing the effects of the present legislation. Even very distinct mistakes in the law-making are not corrected before quite a few years have passed.* » (v. Staffan WESTERLUND, « Planning and Environmental law », *in* Stig STRÖMHOLM (dir.), *An Introduction to Swedish Law*, Norstedts, 2nde éd., 1988, p. 468).

[50] Pour une présentation synthétique de l'ordre juridique espagnol et de l'administration de l'environnement en Espagne, v. María Asunción TORRES LÓPEZ, Estanislao ARANA GARCIA (dir.), *Derecho ambiental (adaptado al EEES)*, Tecnos, 2nde éd., 2015.

communautés autonomes pour prendre des mesures de protection supplémentaires.

13. La France est également un pays de droit civil. Il s'agit d'un État unitaire dont l'organisation est en partie décentralisée et déconcentrée. Le pouvoir exécutif est partagé entre le Président de la République et le gouvernement, dirigé par le Premier ministre. Le pouvoir législatif est bicaméral, la chambre basse étant l'Assemblée nationale et la chambre haute le Sénat. L'ordre juridictionnel administratif se compose de tribunaux administratifs (première instance), de cours administratives d'appel (seconde instance) et du Conseil d'État. Le Conseil constitutionnel exerce un contrôle de constitutionnalité *a priori* et *a posteriori* dans le cadre de la question prioritaire de constitutionnalité. Selon l'article 34 de la Constitution, c'est la loi qui fixe les règles concernant la préservation de l'environnement. Concernant notre objet de recherche, il est important de noter que la procédure de dérogation à la protection intégrale des espèces est déconcentrée, la compétence de principe appartenant au préfet depuis 2007, sauf application des articles R. 411-7 à R. 411-9 du Code de l'environnement[51].

14. La Suède est, à la différence des deux premiers États, un pays appartenant à la famille juridique scandinave ou nordique[52]. Elle est un régime parlementaire. Le Parlement est monocaméral, son unique chambre étant le *Riksdag*. Elle est un État unitaire mais son organisation est particulièrement décentralisée et déconcentrée. La compétence de principe pour déroger à la protection intégrale des espèces appartient à *Naturvårdsverket*, l'agence de protection de l'environnement, mais celle-ci peut décider de déléguer cette compétence en vertu de l'article 24a de

---

[51] V. Michel PRIEUR et al., *Droit de l'environnement*, *op. cit.*, p. 444. Pour plus d'informations sur l'administration de l'environnement en France, consulter les pages 269 et s. de cet ouvrage.

[52] « *Nous sommes quand même de l'opinion [...] qu'il serait juste de considérer le droit nordique comme appartenant à la famille du droit civil, quand bien même, du fait de leur proche relation et de leurs caractéristiques communes, ils doivent indéniablement être considérés comme une forme de famille juridique spéciale, proche des familles juridiques de droit romain et de droit germanique* » (Konrad ZWEIGERT, Hein KÖTZ, *An introduction to Comparative Law*, 3e éd., Oxford, 1998, p. 277).

l'ordonnance sur la chasse (1987:905) aux administrations des régions. Il est important de préciser que *Naturvårdsverket* est une autorité indépendante du pouvoir politique, ce qui est une particularité suédoise[53]. Le droit de la protection des espèces protégées se confond donc avec le droit de la chasse, ce qui n'est pas le cas dans les deux autres États. Une conséquence importante est alors que le droit de la chasse relève, en Suède, du droit administratif et non du droit de l'environnement. Partant, le contentieux de la dérogation à la protection intégrale des espèces protégées relève des juridictions administratives générales et non des juridictions spécialisées environnementales, compétentes en première et en seconde instance pour le contentieux de l'environnement. Les tribunaux administratifs sont dénommés « *Förvaltningsrätten* » (ci-après : FST), les cours administratives d'appel « *Kammarrätten* » (ci-après : KST), et la Cour administrative suprême « *Högsta förvaltningsdomstolen* » (ci-après : HFD).

15. Si comme le reconnaissent ZWEIGERT et KÖTZ[54] les caractéristiques juridiques de la famille scandinave sont plus proches de la famille du droit civil que de celle de *common law*[55], elle présente au moins trois caractéristiques originales qui permettent de soutenir qu'elle est une forme de « *famille juridique spéciale* ». En premier lieu, il n'y a pas de juridiction constitutionnelle dans les pays nordiques. En second lieu, les pays nordiques n'ont pas la culture de la codification qu'ont les États latins[56]. S'il existe un Code de l'environnement en Suède depuis le 1er janvier 1999, ce dernier est moins complet que le

---

[53] Le Premier ministre ou le ministre de l'environnement ne peut donc pas, par quelconque moyen, influer sur les activités de *Naturvårdsverket*, y compris sur le nombre maximum de loups pour lesquels une dérogation pourra être accordée. Une telle tentative d'influencer l'administration (en suédois « *ministerstyre* ») serait perçue comme une violation de la Constitution et pourrait facilement conduire à ce que le ministre en question démissionne. La séparation des pouvoirs est très importante dans cet État.

[54] *Ibid.*

[55] Ce point de vue est également partagé, par exemple, par Ulf BERNITZ, « What is Scandinavian Law? », *Stockholm Institute for Scandinavian Law*, 2007, vol. 50, p. 28.

[56] Stig STRÖMHOLM, « Quelques traits de l'évolution historique des rapports juridiques franco-suédois », *RIDC*, vol. 24, n°2, avril-juin 1972, p. 364.

Code de l'environnement français. Les scandinaves sont attachés à une forme de réalisme juridique, qui a par ailleurs été un courant de pensée attaché à l'Université d'Uppsala (Suède) au XXe siècle[57]. En deuxième lieu, cette théorie réaliste se retrouve dans le raisonnement et l'interprétation juridique, en particulier des magistrats, mais cela est difficilement quantifiable ou observable empiriquement. En troisième et dernier lieu, et cela est davantage une caractéristique socio-historique, les suédois ont une culture du consensus très importante. Tout ce qui peut potentiellement susciter un conflit ou un débat d'idées est mal perçu. Cette caractéristique a des conséquences sur notre objet d'étude, dans la mesure où le contentieux est une forme évidente de conflit dans une société donnée. Il n'est donc pas un mode de résolution des conflits sociaux privilégié, en Suède.

IV. Méthodologie pratique de recherche

16. En premier lieu, il s'agit de constituer une base de données de décisions jurisprudentielles relatives au contentieux administratif de la protection du loup gris ; la plus exhaustive possible, en fonction de l'accessibilité des décisions de jurisprudences. Le contentieux pénal a en revanche été exclu de ces bases de données, du fait d'une trop faible disponibilité publique des décisions. Pour la France, nous disposons d'une base de données constituée des décisions relatives au loup disponibles sur la base *Ariane archives* à jour du 29 mars 2019 pour les tribunaux administratifs, les cours administratives d'appel et le Conseil d'État depuis 1997[58]. Cela constitue un

---

[57] Pour une présentation synthétique de la théorie réaliste du droit scandinave, v. Xavier MAGNON, *Théorie(s) du droit*, Ellipses, coll. « Universités Droit », 2008, p. 135-138.

[58] Ces données ont été collectées par Julien BETAILLE dans le cadre du projet de recherche *Claws and Laws* (www.clawsandlaws.org) dirigé par Guillaume CHAPRON. Les données ont été collectées au tribunal administratif de Toulouse avec l'autorisation du Conseil d'État et de Madame la Présidente Isabelle Carthé-Mazères, Présidente du tribunal administratif de Toulouse. La base de données contient toutes les décisions disponibles sur la base *Ariane archives* au 29 mars 2019 en entrant le mot « loup » dans le moteur de

total de 275 décisions françaises. Pour l'Espagne, nous avons construit notre base de données à partir du *CENDOJ*[59], base de données publique espagnole. Les entrées utilisées ont été les suivantes : « *lobo ibérico Y protección* » et « *Canis lupus* ». Des recherches supplémentaires sur plusieurs bases de données privées, consultées sur l'intranet de l'Université Rovira i Virgili (Tarragone, Espagne) lors d'un séjour de recherche, n'ont pas permis de trouver davantage de décisions. Cela constitue un total de 21 décisions espagnoles, à jour du 1er mai 2021. Enfin, pour la Suède, nous avons obtenu une base de données disponible sur la base de données privée JP Djurnet[60], pour toutes les décisions portant sur le loup et la chasse de protection (« *varg* » + *skyddsjakt* ») et le loup et la chasse sous licence (« *varg* + *licensjakt* »). Cela constitue un total de 359 décisions suédoises, à jour du 1er mai 2021. Ainsi, la présente étude comporte un total de 663 décisions portant sur le contentieux administratif relatif à la protection du loup gris, pour les trois pays réunis. L'exhaustivité des bases de données est toutefois limitée par la disponibilité publique des décisions. Ces décisions ont toutes été analysées juridiquement. Par la suite, elles ont fait l'objet d'une évaluation statistique par Guillaume CHAPRON et donneront prochainement lieu à une publication collective[61]. Les données espagnoles ont été exclues de cette analyse car elles sont trop peu nombreuses pour pouvoir observer des tendances générales. De même, une importante partie des jugements suédois ne sont pas exploitables puisqu'il s'agit d'irrecevabilités, de désistements ou de non-lieux à statuer. Enfin, l'évaluation des données françaises, qui débute donc en 1997, a été limitée à partir de l'année 2019, dans la mesure où les données ne sont pas complètes à compter de cette

---

recherche et après avoir exclu les décisions n'ayant aucun lien avec l'espèce *canis lupus*.

[59] *Centro de documentación judicial* (centre de documentation juridique), v. https://www.poderjudicial.es/search/indexAN.jsp.

[60] Nous remercions Guillaume CHAPRON pour la transmission de cette base de données.

[61] Guillaume CHAPRON, Gavin MARFAING et Julien BÉTAILLE, « Patterns of litigation in France during two decades of recovery of a large carnivore », pre-print, octobre 2022:
https://www.biorxiv.org/content/10.1101/2022.10.11.511781v1.

année. Le rapport de l'évaluation statistique sera utilisé particulièrement dans la deuxième partie de cette étude. En deuxième lieu, nous avons étudié rétrospectivement le droit de la protection des espèces, appliqué au loup gris, dans les trois pays étudiés. Cette recherche a porté sur le droit positif *stricto sensu*, mais aussi sur l'application de ce droit à travers les mesures de gestion du loup gris qui ont été édictées (plan national d'action, financement d'aides aux éleveurs, indemnisation de ces derniers pour leurs pertes en cas de prédation liée au loup gris). Les ordres juridiques nationaux, européen et international ont été pris en considération dans cette étape, mais encore les questions de cohérence et d'articulation entre eux. En troisième lieu, nous avons procédé à un bilan des dynamiques de populations du loup gris en Espagne, en France et en Suède. Mais encore, les différents arguments sociologiques, écologiques et biologiques qui ont contribué à ces trois dynamiques ont été recensés, afin d'essayer de distinguer la part de la contribution des facteurs juridiques de la part de contribution des facteurs extra-juridiques à la réalisation de l'obtention de l'état de conservation favorable de l'espèce. En quatrième et dernier lieu, il s'agira de réaliser une synthèse des différentes formes de contribution à la réalisation de l'objectif. Notre approche sera critique dans la mesure où nous retiendrons comme un facteur ayant eu un degré d'influence que ce qui constitue une donnée empiriquement observable, telle qu'un acte juridique (un arrêté de protection de l'espèce, une loi, une décision de jurisprudence) ou des faits naturels (l'évolution des populations de loups gris, les caractéristiques biologiques de l'espèce). En procédant de cette manière, l'objectif est de conserver dans la mesure du possible une certaine rigueur scientifique et d'éviter tout raisonnement spéculatif.

V. Problématique et hypothèse de recherche

17. Par le biais d'une étude rétrospective, il s'agira de déterminer quels sont les facteurs juridiques qui ont pu influencer le retour du loup dans les trois États. En outre, l'intégration à cette analyse de facteurs de contribution extra-juridiques permettra d'isoler la part de contribution des facteurs juridiques, dans la mesure du possible. Partant, la problématique de notre recherche est la suivante : *Comment le droit en tant que système juridique a-t-il contribué à la réalisation de cet objectif politique européen ? De plus, dans quelle mesure le droit est-il l'une des causes du succès de cette réalisation ?*

La première partie de cette problématique relève d'une analyse juridique qualitative classique. Il s'agira alors de recenser les facteurs qui ont contribué à la réalisation de l'objectif. La seconde partie, qui consiste en la mesure de la contribution, implique toutefois d'avoir recours à une analyse empirique quantitative. Pour essayer de répondre à cette problématique, notre hypothèse de recherche est la suivante :

Le droit a juridicisé l'objectif politique et a institué un système normatif orienté vers sa réalisation (première partie). Par ailleurs, il est possible d'identifier, parmi les facteurs juridiques et extra-juridiques qui ont un degré d'influence sur la réalisation de l'objectif, certains facteurs particulièrement déterminants (deuxième partie).

PREMIÈRE PARTIE

Un système normatif orienté vers la réalisation de l'objectif

18. Tout d'abord, l'objectif d'obtenir un état de conservation favorable des espèces a été intégré au droit. Si cela peut paraître simple, cette intégration est un premier facteur essentiel de la contribution du droit à la réalisation de l'objectif politique dans la mesure où tous les objectifs politiques qui sont énoncés par les autorités publiques, qu'elles soient nationales ou européennes, ne font pas nécessairement l'objet d'une traduction juridique. Ainsi, l'objectif de réduction de l'artificialisation des sols n'est pas mentionné par le Code de l'urbanisme français[62]. De même, l'objectif de réduire de 50% à l'horizon 2025 le recours aux produits phytosanitaires n'est pas fixé par le Code rural ou par le Code de l'environnement, mais par le plan EcophytoII (une version augmentée est dénommée « EcophytoII+ »), ce qui diminue l'importance de cette traduction juridique[63]. Par la suite, cet objectif, traduit par le droit dérivé de l'Union européenne donc, a bénéficié des caractéristiques juridiques du droit primaire européen. Le

[62] Toutefois, l'article 47 du projet de loi « Climat et résilience » prévoit d'inscrire dans le Code de l'urbanisme un tel objectif national pour la lutte contre l'artificialisation des sols. La loi a été adoptée le 20 juillet 2021 et le Conseil constitutionnel s'est prononcé sur sa constitutionnalité le 13 août 2021 (décision n°2021-825 DC du 13 août 2021) en censurant essentiellement des cavaliers législatifs.

[63] Michel PRIEUR et al., *Droit de l'environnement*, *op. cit.*, p. 948.

système juridique de ce dernier a permis à la fois sa diffusion et son applicabilité.

19. Le droit a donc juridicisé l'objectif (**Titre I**) et l'a par la suite inséré dans un ordre juridique européen efficace (**Titre II**), lequel concourt utilement à la réalisation de l'objectif.

TITRE I

La juridicisation sophistiquée de l'objectif

20. Ce processus de juridicisation de l'objectif a eu lieu en deux étapes. En premier lieu, l'Union européenne l'a réceptionné alors qu'il était naissant en droit international. En deuxième lieu, il a été traduit juridiquement en droit européen de l'environnement d'abord, puis sous des formes différentes pour chacun des trois États. L'Union européenne a donc joué un rôle d'articulation entre un ordre juridique international, propice à l'élaboration d'un objectif général de conservation de la biodiversité, et la concrétisation de ce dernier dans les ordres juridiques internes de ses États membres. Si l'objectif puise ses sources dans le droit international, l'Union européenne l'a consacré (**Chapitre I**) avant de le traduire juridiquement (**Chapitre II**).

CHAPITRE 1

La consécration européenne d'un objectif naissant en droit international

21. L'énonciation de l'objectif par l'Union européenne s'inscrit dans un contexte international déjà favorable audit objectif à la même période qu'il convient de préciser (**Section 1**). Par la suite, l'Union européenne a eu un rôle fondamental pour l'espèce en parachevant l'énonciation de l'objectif de sa conservation (**Section 2**).

SECTION 1. UN CONTEXTE INTERNATIONAL FAVORABLE A LA PROTECTION DE LA BIODIVERSITE

22. La prise en compte de la nécessité de préserver et conserver la biodiversité en droit international, résulte d'une maturation lente du droit international de la biodiversité (**§1**). La Convention de Berne, en 1979, a consacré la première un régime de protection du loup gris (**§2**), suivant le mouvement débuté et amorcé par le droit international.

§1. La maturation lente du droit international de la biodiversité

A. Un utilitarisme impertinent dans la première moitié du XXe siècle

23. Les origines du droit international de l'environnement sont à situer à la fin du XIXe siècle et au début du XXe siècle. Si ses premières sources juridiques n'ont pas systématiquement eu trait au droit de la biodiversité, cette dernière occupe toutefois une place importante dans la formation progressive de ce droit. Ainsi, le droit international de l'environnement naît dans ce que le Pr. Éric NAIM-GESBERT nomme l'acte 1 du « *temps des balbutiements utilitaristes* »[64]. On peut illustrer ce propos par la Convention de Berne du 17 septembre 1878 portait sur la lutte contre le *Phylloxera vastatrix*, puceron qui attaque la vigne[65]. Comme l'indique le Pr. Jean-Pierre BEURIER, « [*l*]*es premières conventions portent toutes sur des espèces sauvages exploitées hors des zones sous juridiction d'un État, il s'agit donc d'édicter des règles destinées à réguler une activité économique sur un stock non approprié. Le but final de cette régulation consentie étant le maintien de l'activité économique et non pas la protection de l'espèce pour elle-même.*[66] ». Ce premier acte, puisque utilitariste[67], n'a que peu d'intérêt pour notre objet de recherche. Une telle doctrine, appliquée à la conservation de la biodiversité, conduirait à opérer une balance des bénéfices et des risques induits par la présence d'une espèce donnée et *in fine* à ne vouloir préserver que les espèces qui présenteraient un

---

[64] Éric NAIM-GESBERT, *Droit général de l'environnement*, 3e éd., LexisNexis, 2019, p. 46. Nous reprendrons, dans notre démonstration, les trois actes du développement du droit international de l'environnement tels qu'ils sont décrits aux pages 46 et suivantes de cet ouvrage.

[65] *Ibid.*, p. 46.

[66] Jean-Pierre BEURIER, « Le droit de la biodiversité », *Rev. jur. env.*, 1996, vol. 21, n° 1, p. 11.

[67] L'utilitarisme est défini comme une « [*d*]*octrine morale et politique de Bentham et de John Stuart Mill fondée sur la notion d'utilité ou de « principe du plus grand bonheur » permettant de diviser les actions ou les choses en bonnes ou mauvaises selon qu'elles tendent à augmenter ou non le bonheur et à diminuer la souffrance.* » (v. l'entrée « utilitarisme » sur le site du CNTRL, https://www.cnrtl.fr/definition/utilitarisme, consulté le 1er août 2021).

bilan positif. Le loup étant majoritairement perçu comme une espèce nuisible dans les trois pays étudiés[68], le paradigme utilitariste tendrait alors à soutenir la destruction de l'espèce pour sauvegarder la pratique de l'élevage[69]. L'utilitarisme est donc un paradigme inadéquat pour fonder un objectif de conservation de la biodiversité. Cela étant, certains textes de cet acte 1 constituent le « *terreau du droit international de l'environnement moderne* »[70] au sein duquel un tel objectif sera énoncé par la suite. Par l'expression « *droit de l'environnement moderne* », il faut comprendre que ce dernier a dû se former, d'une manière soudaine dans la seconde moitié du XXe siècle. Cette naissance soudaine a découlé de la prise en considération des nouvelles urgences environnementales[71], parmi lesquelles la crise de la biodiversité. C'est pourquoi les premiers textes du droit international de l'environnement ne pouvaient que difficilement énoncer un objectif de conservation de la biodiversité alors que son déclin n'était pas encore connu des scientifiques. Leur adresser une telle critique serait donc anachronique. Toutefois, ces textes ont l'intérêt de constituer un fondement[72], un « *terreau* », sur lequel va se développer le droit de l'environnement moderne. Ces premiers textes portent en eux les prémices du droit de la biodiversité moderne qui seront repris par la suite pour la protection du loup gris. Ainsi la Convention pour la protection des oiseaux utiles à l'agriculture, conclue à Paris le 19 mars 1902, dispose en son article 1 une protection absolue pour les oiseaux énumérés dans la liste n°1

---

[68] Les raisons en sont multiples, mais les principales qui peuvent être avancées sont les dégâts que l'espèce cause aux éleveurs, la rage lupine, ainsi qu'une faible acceptabilité sociale (qui résulte majoritairement de ces deux premiers facteurs).

[69] Dans certains pays, le « bilan utilitariste » concernant le loup est toutefois positif en raison de son utilité pour l'industrie forestière. En effet, il offre un service écosystémique important en participant à la régulation des populations d'ongulés sauvages (v. *infra* à propos de la Pologne, §181).

[70] Éric NAIM-GESBERT, *Droit général de l'environnement*, *op. cit.*, p. 47.

[71] Rachel CARSON, *Silent spring*, Houghton Mifflin, 1962.

[72] Il en est de même pour certains textes de droit interne, en France, v. À ce sujet Jean UNTERMAIER, « La protection de la nature et son droit au cours de la première moitié du XXe siècle », *in* Jérôme FROMAGEAU, *Un patrimoine vivant, entre nature et culture*, Mare et Martin, 2019, p. 199-208.

de son annexe. Cette protection constitue bien un objectif, dans la mesure où le second alinéa de cet article 1 énonce qu'elle est un résultat « *à atteindre partout* » et pour lequel les parties doivent prendre toutes les dispositions nécessaires en vue de sa réalisation.

B. Le rôle précurseur du droit souple

24. Selon le Pr. NAIM-GESBERT, le deuxième acte de la formation du droit international de l'environnement est celui de sa « *formation rationnelle* »[73]. C'est au cours de cet acte que la nécessité de préserver l'environnement commencera à être considérée. Cette prise en compte reste toutefois conditionnée par l'intégration de la science au droit de l'environnement[74]. C'est d'ailleurs la Convention de Londres du 8 novembre 1933 sur la conservation de la faune et de la flore à l'état naturel en Afrique qui a été la première à façonner la notion d'espèce protégée et à faire le lien entre les espèces et leurs espaces[75]. Ce deuxième acte n'énonça pas non plus d'objectif général de protection de l'environnement. Toutefois il s'en rapprocha, en intégrant davantage les travaux scientifiques pour définir les finalités des textes qui sont adoptés, à l'instar de la Convention de Londres de 1933, pour l'exemple du droit de la biodiversité. Cette intégration fournit au droit international une certaine structure et un début de maturation juridique. Partant, lorsque les crises environnementales contemporaines ont été l'objet de premières études scientifiques, au début de la seconde moitié du XXe siècle, le droit international de l'environnement disposait déjà d'une maturité juridique suffisamment importante pour être en mesure d'énoncer le premier les finalités du droit de l'environnement *moderne*. Il s'ajoute à cela qu'il est, en outre, une source du droit adaptée pour cela. Peu contraignant, il permet d'établir des consensus rapidement, à tout le moins des compromis. Mais encore, il laisse les principes et objectifs qu'il

---

[73] Éric NAIM-GESBERT, *Droit général de l'environnement*, *op. cit.*, p. 47.

[74] Éric NAIM-GESBERT, *Les dimensions scientifiques du droit de l'environnement : contribution à l'étude des rapports de la science et du droit*, thèse, droit, Lyon III, Bruxelles, Bruylant, 1999.

[75] Éric NAIM-GESBERT, *Droit général de l'environnement*, *op. cit.*, p. 47.

énonce « *germiner* » [76] jusqu'à ce qu'ils soient traduits concrètement en droit interne.

25. C'est par le biais des « *Sommets de la Terre* », organisés sous l'égide des Nations unies tous les dix ans, que le droit international déclara le premier que la faune sauvage doit être préservée et qu'il reconnaîtra les menaces qui pèsent sur elle. Ce troisième et dernier acte est celui de « *l'affirmation solidariste* »[77]. C'est en 1972 que la déclaration de Stockholm fut la première à formuler un objectif général de préservation de la biodiversité. Ainsi, son principe 2 formule que : « [*l*]*es ressources naturelles du globe, y compris l'air, l'eau, la terre, la flore et la faune, et particulièrement les échantillons représentatifs des écosystèmes naturels, doivent être préservés dans l'intérêt des générations présentes et à venir par une planification ou une gestion attentive selon que de besoin.* ». De plus, son principe 4 énonce que : « [*l*]*'homme a une responsabilité particulière dans la sauvegarde et la sage gestion du patrimoine constitué par la flore et la faune sauvages et leur habitat, qui sont aujourd'hui gravement menacés par un concours de facteurs défavorables.* ». Les Sommets de la Terre qui suivront confirmeront cet objectif. Ainsi la Charte mondiale de la nature, en 1982, énonce en son point I, deuxième alinéa, que « [*l*]*a population de chaque espèce, sauvage ou domestique, sera maintenue au moins à un niveau suffisant pour en assurer la survie ; les habitats nécessaires à cette fin seront sauvegardés.* ». De plus, la Convention sur la diversité biologique, en 1992, énonce à son article premier que « *les objectifs de la présente Convention* [...] *sont la conservation de la diversité biologique, l'utilisation*

---

[76] Cette logique de proclamation précoce des objectifs et finalités du droit, avant de laisser ce dernier maturer lentement sur plusieurs décennies se retrouve également en droit interne. Michel DESPAX note, à propos de la loi dite « Barnier » du 2 février 1995, que « [*l*]*es principes généraux du droit sont, le plus souvent, le fruit d'une lente maturation où la libre germination jurisprudentielle joue un rôle essentiel plutôt que d'une proclamation ex-cathedra, de tels principes par le législateur lui-même* » (Michel DESPAX, *La loi n°95-101 du 2 février 1995 relative au renforcement de la protection de l'environnement*, *in* Alexandre CHARLES KISS, *Les hommes et l'environnement*, Frison-Roche, 1998, p. 391).

[77] Éric NAIM-GESBERT, *Droit général de l'environnement*, *op. cit.*, p. 48.

durable de ses éléments et le partage juste et équitable des avantages découlant de l'exploitation des ressources génétiques [...] ». Malgré cela, comme le remarque Xavier LOUBERT-DAVAINE, si « *les loups ne sont pas efficacement visés par ces textes internationaux,* [*ils*] *bénéficient toutefois de l'évolution des mentalités.* »[78]. C'est là tout l'intérêt du droit international, quand bien même il est en l'occurrence de droit souple[79].

§2. La consécration de la protection de l'espèce par la Convention de Berne

26. La Convention relative à la conservation de la vie sauvage et du milieu naturel de l'Europe, dite « Convention de Berne » plus sommairement, est « *importante du fait de sa modernité* »[80]. Concernant notre objet d'étude, sa modernité tient du fait qu'elle a été la première à protéger le loup gris. Elle influencera par la suite la directive Habitats, en droit de l'environnement de l'Union européenne[81]. La Convention a été ouverte à la signature des États membres, des États non-membres (du Conseil de l'Europe) qui ont participé à son élaboration, de l'Union européenne et à l'adhésion des autres États non-membres, le 19 septembre 1979. L'Espagne a ratifié la Convention le 27 mai 1986 et elle y est entrée en vigueur le 1er septembre 1986. La France l'a ratifiée plus tardivement, le 26 avril 1990 et elle y est entrée en vigueur le 1er août 1990. La

---

78 Xavier LOUBERT-DAVAINE, *Loups et Droit*, Les cahiers du CRIDEAU, n°10, PULIM, mémoire, droit, 2004, p. 85.

79 Selon un rapport du Conseil d'État paru en 2013, le droit souple (aussi appelé droit mou, et en anglais *soft law*) se définit selon les trois critères suivants : il oriente les comportements, il ne crée pas de droits ni d'obligations et il ressemble formellement à une règle de droit prescriptive classique. Selon Sylvie CAUDAL, son principal intérêt est de consacrer des principes (à l'instar de la déclaration de Stockholm), qui sont par la suite repris par le « droit dur » ou *hard law*. *A contrario*, son développement pourrait menacer le droit dur de régression de par son manque d'effectivité (v. Sylvie CAUDAL, « Droit souple et droit de l'environnement », *in* Jean UNTERMAIER, « *Des petits oiseaux aux grands principes* », Mare et Martin, 2018, p. 341).

80 Agathe VAN LANG, *Droit de l'environnement*, PUF, 4e éd., coll. « Thémis », 2016, p. 343.

81 V. *infra*, §42 à 44.

Suède l'a ratifiée le 14 juin 1983 et elle y est entrée en vigueur le 1er octobre 1983. Si ces dates de ratification et d'entrée en vigueur de la Convention divergent, les trois pays l'ont signée le 19 septembre 1979. Quant à l'Union européenne, elle a également signé la Convention le 19 septembre 1979, puis l'a ratifiée le 7 mai 1982, et elle y est entrée en vigueur le 1er septembre 1982[82]. Le loup gris est classé à l'annexe II de cette Convention, qui porte sur les espèces de faune *strictement* protégées, soit un degré de protection supérieur à celui conféré par l'annexe III qui quant à elle porte sur les espèces de faune protégées. Le régime juridique correspondant aux espèces classées en annexe II est prévu par l'article 6 :

> *« Chaque Partie contractante prend les mesures législatives et réglementaires appropriées et nécessaires pour assurer la conservation particulière des espèces de faune sauvage énumérées dans l'annexe II. Seront notamment interdits, pour ces espèces :*
>
> *a) toutes formes de capture intentionnelle, de détention et de mise à mort intentionnelle ;*
>
> *b) la détérioration ou la destruction intentionnelles des sites de reproduction ou des aires de repos;*
>
> *c) la perturbation intentionnelle de la faune sauvage, notamment durant la période de reproduction, de dépendance et d'hibernation, pour autant que la perturbation ait un effet significatif eu égard aux objectifs de la présente Convention;*
>
> *d) la destruction ou le ramassage intentionnels des œufs dans la nature ou leur détention, même vides;*
>
> *e) la détention et le commerce interne de ces animaux, vivants ou morts, y compris des animaux naturalisés, et de toute partie ou de tout produit, facilement identifiables, obtenus à partir de l'animal, lorsque cette mesure contribue à l'efficacité des dispositions du présent article. ».*

En outre, une possibilité de dérogation à la protection instituée par cet article 6 est prévue par l'article 9 de la

---

82 Toutes ces dates sont disponibles sur le site internet du Conseil de l'Europe, v. https://www.coe.int/fr/web/conventions/full-list/-/conventions/treaty/104/signatures?p_auth=EWGg5mwi, consulté le 22 juin 2021.

Convention, à la condition « *qu'il n'existe pas une autre solution satisfaisante* », que « *la dérogation ne nuise pas à la survie de la population concernée* », et à moins que l'un des cinq motifs de dérogation possibles rempli[83]. La Convention de Berne énonce donc un objectif de « *conservation particulière des espèces de faune sauvage* », selon les termes de l'article 6.

27. On peut illustrer la modernité reconnue par la Pr. Agathe VAN LANG par le préambule de la Convention. La valeur intrinsèque de la faune sauvage y est considérée, loin des premières considérations utilitaristes ou anthropocentrées du droit international, pour employer un terme récurrent dans les critiques adressées au droit de l'environnement. C'est ainsi que le quatrième alinéa de ce préambule reconnaît que « *la flore et la faune sauvages constituent un patrimoine naturel d'une valeur esthétique, scientifique, culturelle, récréative, économique et intrinsèque, qu'il importe de préserver et de transmettre aux générations futures* », que ces dernières ont un « *rôle essentiel* [...] *dans le maintien des équilibres biologiques* » (cinquième alinéa) et qu'il pèse sur certaines d'entre elles une « *menace d'extinction* » (sixième alinéa). Pour toutes ces raisons, le régime de protection institué par la Convention de Berne a constitué une avancée pour la conservation de l'espèce que préfigurait la déclaration de Stockholm. Le loup gris a été pour la première fois protégé, *strictement*[84]. À son tour, la Convention de Berne amorcera de

---

[83] Selon l'article 9 de la Convention de Berne, les parties contractantes peuvent déroger, notamment à l'article 6 : « - *dans l'intérêt de la protection de la flore et de la faune; - pour prévenir des dommages importants aux cultures, au bétail, aux forêts, aux pêcheries, aux eaux et aux autres formes de propriété; - dans l'intérêt de la santé et de la sécurité publiques, de la sécurité aérienne, ou d'autres intérêts publics prioritaires; - à des fins de recherche et d'éducation, de repeuplement, de réintroduction ainsi que pour l'élevage; - pour permettre, dans des conditions strictement contrôlées, sur une base sélective et dans une certaine mesure la prise, la détention pour toute autre exploitation judicieuse de certains animaux et plantes sauvages en petites quantités.* »

[84] Des trois pays étudiés. Aux États-Unis, le loup gris a été protégé par le *Endangered Species Act* en 1973. Il en a été retiré le 4 janvier 2021, le nombre de loups dans le pays étant désormais jugé suffisant. V. « Fish and Wildlife Service », disponible sur https://www.fws.gov/home/wolfrecovery/, consulté le 3 août 2021. La chasse de l'espèce est depuis conséquente dans le pays.

nouvelles avancées pour la protection de l'espèce, à travers le parachèvement de l'énonciation de l'objectif par l'Union européenne.

SECTION 2. UNE ENONCIATION DE L'OBJECTIF PARACHEVEE PAR L'UNION EUROPEENNE

28. L'Union européenne a formulé progressivement la conservation de la biodiversité — et donc du loup gris — comme un de ses objectifs environnementaux (**§1**). Mais intégrer cet objectif dans ses politiques publiques a nécessité une évolution de ses compétences en matière d'environnement (**§2**), afin de pouvoir le traduire juridiquement.

§1. La formulation progressive d'un objectif de conservation de la biodiversité

29. Plusieurs programmes d'action pour l'environnement se sont succédé, à partir du début des années 1970 à aujourd'hui. Ces derniers fixent les « *objectifs prioritaires à atteindre* » selon l'article 192§3 TFUE qui est, aujourd'hui, le fondement juridique de ces programmes. C'est donc à travers leur étude que l'on peut découvrir les objectifs environnementaux que l'Union considère comme étant prioritaires à réaliser par le biais de ses politiques publiques [85]. Partant, sept programmes d'actions pour l'environnement furent édictés par l'Union. Ils reflètent sa prise en considération, croissante, de la nécessité de

---

Ainsi, 20% des loups du Wisconsin - soit 218 individus - ont été détruits en seulement trois jours, seulement un mois après le déclassement de l'espèce. V. Susan COSIER, « Scientists urged Wisconsin to limit its wolf kill. It didn't go well », *Science | AAAS*, 12 août 2021, disponible sur https://www.sciencemag.org/news/2021/08/scientists-urged-wisconsin-limit-its-wolf-kill-it-didn-t-go-well, consulté le 16 août 2021.

[85] Pour une présentation synthétique des sept premiers programmes (de 1973 à 2013, le huitième étant encore en cours d'élaboration en 2021) v. Sophie BAZIADOLY, *La politique européenne de l'environnement*, Bruylant, coll. « Droit(s) et développement durable », 2014, p. 84 à 96. Pour une approche plus juridique, v. David LANGLET, Said MAHMOUDI, *EU Environmental Law and Policy*, Oxford University Press, 2016, p. 28-40.

préserver et conserver la biodiversité. Le premier programme, instauré un an après la déclaration de Stockholm, énonce ainsi comme un « *domaine prioritaire* » la « *protection de l'environnement naturel* » [86] . Cet objectif a conduit à la Proposition de directive du Conseil concernant la conservation des oiseaux (le 20 décembre 1976, JOCE, 1977, n° C 24, p. 3) mais n'a toutefois pas concerné la flore et la faune sauvages[87]. Cette proposition conduira à l'adoption de la directive « Oiseaux » en 1979 (n°79/409/CEE). Le deuxième programme de 1977 est surtout marqué par la crise du pétrole et ne concerne pas le droit de la biodiversité[88].

30. À l'inverse, le troisième programme, adopté en 1983, marque un tournant décisif[89]. Cela s'explique par la réception de l'Union des premières énonciations de l'objectif[90], en particulier celle de la Convention de Berne, entrée en vigueur pour l'Union en 1982. En premier lieu, ce plan prévoit en son point II, 9 que « *l'objectif final de la politique de l'environnement* » est « [...] *le maintien et si possible, le rétablissement de l'environnement naturel et d'espaces libres appropriés pour la faune et la flore* ». Il vise en outre l'établissement d'une stratégie globale qui permettrait de coordonner plus efficacement les politiques publiques environnementales de l'Union. En second lieu et plus spécifiquement, le point IV, 27 affirme que l'Union est un échelon essentiel pour la réalisation de l'objectif de conservation de la faune et de la flore, dans la mesure où « *le cadre national* [est] *très souvent trop étroit* » et les

---

[86] Déclaration du Conseil des Communautés européennes et des représentants des gouvernements des États membres à la réunion du Conseil du 22 novembre 1973 (Journal officiel n° C 112 du 20.12.1973).

[87] Michel DUPONT, Raymond FERRETTI, « L'action des communautés européennes en matière d'environnement de novembre 1975 à juin 1977 », *Rev. jur. env.*, 1977, vol. 4, p. 369.

[88] Sophie BAZIADOLY, *op. cit.*, p. 87.

[89] Résolution du Conseil des Communautés européennes et des représentants des gouvernements des États membres, réunis au sein du Conseil, du 7 février 1983, concernant la poursuite et la réalisation d'une politique et d' un programme d' action des Communautés européennes en matière d' environnement (1982-1986), JO n° C 046 du 17/02/1983, p. 0001.

[90] V. *supra*, §25 à 27.

« *possibilités institutionnelles d'une action contraignante font entièrement défaut* » au cadre mondial. L'Union se déclare donc d'elle-même comme pouvant être en mesure de constituer une articulation efficace entre l'ordre juridique international et national. Elle est l'échelon où l'efficacité des mesures édictées pour la conservation de la faune et la flore sauvages peut être la plus importante. À la suite de cette affirmation, elle considère que les mesures nécessaires pour la réalisation de l'objectif sont la conservation des habitats, le contrôle des prélèvements dans la nature ainsi que le contrôle ou l'interdiction du commerce des espèces menacées et des produits dérivés de ces espèces. Mis à part l'avancée majeure de l'ambition de l'Union, ce troisième plan a peu contribué à réaliser l'objectif. Il ne conduira pas à une proposition, sur son fondement, d'une directive relative à la protection de la flore et de la faune sauvages — à l'instar de la proposition de 1976 qui a conduit à ce que soit adoptée la directive « Oiseaux » en 1979.

31. C'est en raison de cela que dans son quatrième programme[91], l'Union haussa le ton en déclarant que « *cela n'est pas assez* » et que « *le temps est venu pour la Communauté et les États membres de faire un grand pas en avant dans le domaine de la conservation de la nature* » (point 5.1.2). Cette déclaration confirme le caractère européen, politique et volontariste de cet objectif. Au demeurant, l'Union constate que la Convention de Berne est mal appliquée (point 5.1.6.) et qu'une « *action s'impose d'urgence* ». En ce sens, elle déclare qu'il est indispensable qu'un « *instrument communautaire visant à protéger non seulement les oiseaux, mais toutes les espèces de faune et de flore* » soit adopté (point 5.1.4.). Un tel cadre général communautaire permettrait ainsi une meilleure réalisation de l'objectif de conservation de la faune — et, pour relier ces développements à notre objet de recherche, au loup gris par ricochet —, la Convention de Berne n'étant pas assez effective. Ce quatrième programme montre

---

[91] Résolution du Conseil des Communautés européennes et des représentants des gouvernements des États membres, réunis au sein du Conseil, du 19 octobre 1987, concernant la poursuite et la réalisation d'une politique et d'un programme d'action des Communautés européennes en matière d'environnement (1987-1992), JO n° C 328 du 07/12/1987, p. 0001 - 0044.

une volonté politique d'accélérer la réalisation des objectifs énoncés comme prioritaires dans les trois premiers programmes. Par conséquent, c'est sur son fondement que l'objectif sera traduit juridiquement à travers la directive Habitats en 1992[92].

32. Les programmes qui suivront continueront d'affirmer cet objectif. Si le cinquième programme de 1992 ne concerne pas directement la biodiversité[93] et si le septième porte surtout sur le développement durable[94] ; le sixième programme de 2002 retient la protection de la nature, de la flore et de la faune sauvages comme une priorité fondamentale[95]. Il est possible que le huitième programme, qui est en cours d'élaboration[96], redresse à nouveau l'ambition de l'Union. Quant à la Commission européenne, elle élabore actuellement une « *Stratégie de l'UE à l'horizon 2030 en matière de biodiversité* »[97] qui succédera à la précédente, laquelle portait sur la période 2011-2020[98].

§2. L'évolution nécessaire des compétences environnementales de l'Union européenne

33. Si les plans d'action pour l'environnement ont permis de faire évoluer l'ambition et les objectifs de l'Union, leur normativité a été faible, et ce jusqu'au sixième programme. C'est-à-dire que les cinq premiers programmes n'ont pas été

---

[92] V. *infra*, §43.
[93] Sophie BAZIADOLY, *op. cit.*, p. 90.
[94] Sophie BAZIADOLY, *op. cit.*, p. 93.
[95] Sophie BAZIADOLY, *op. cit.*, p. 92.
[96] Selon un communiqué de presse en date du 17 mars 2021, les ambassadeurs des États membres de l'UE ont approuvé un mandat pour que le Conseil entame des négociations avec le Parlement européen en vue de parvenir à un accord sur le huitième programme d'action pour l'environnement. V. https://www.consilium.europa.eu/fr/press/press-releases/2021/03/17/8th-environment-action-programme-member-states-ready-to-start-negotiations-with-parliament/, consulté le 22 juin 2021.
[97] Communication de la Commission au Parlement européen, au Conseil, au Comité économique et social européen et au Comité des régions, Stratégie de l'UE en faveur de la biodiversité à l'horizon 2030, Ramener la nature dans nos vies, Bruxelles, le 20/5/2020, COM(2020) 380 final.
[98] V. https://ec.europa.eu/environment/nature/biodiversity/strategy_2020/index_en.htm, consulté le 22 juin 2021.

adoptés par le Conseil seul mais par celui-ci et les représentants des États, réunis au sein du Conseil[99]. Toutefois, à partir du sixième donc, les programmes ont été adoptés en codécision par le Conseil des ministres et le Parlement européen (article 192 TFUE préc. cité). De surcroît et au-delà de la normativité des plans d'action pour l'environnement, les compétences environnementales de l'Union constituaient un obstacle à sa réalisation de l'objectif. Comme le souligne Nicolas de SADELEER, « *l'Union n'a de compétences que celles qui lui sont dévolues par les traités fondateurs* »[100] en vertu du principe d'attribution (article 5§2 TUE). Or les premiers traités fondateurs n'attribuaient aucune compétence environnementale en la faveur de l'Union[101]. La réalisation des objectifs disposés par les premiers programmes était donc freinée par cette incompétence. *Ipso facto*, ce sont d'abord les articles 100 et 235 CE qui servirent d'abord base juridique, « *la volonté politique aidant* »[102]. C'est ainsi que pour combler cette lacune, en 1986, soit un an avant le quatrième programme décisif de 1987, l'article 130 R de l'Acte unique européen consacrera la compétence environnementale de la Communauté en prévoyant que « [*l*]*'Action de la Communauté en matière d'environnement a pour objet : de préserver, de protéger et d'améliorer la qualité de l'environnement* [...]. ». L'Union s'est donc donné les compétences qui lui étaient nécessaires pour réaliser les objectifs qu'elle énonçait. Les traités qui ont suivi l'Acte unique européen ont conforté ce mouvement d'attribution de compétences[103]. Elles figurent aujourd'hui à l'article 191§1 du TFUE.

34. L'environnement est à ce jour une compétence partagée entre l'Union et les États membres en vertu de l'article 4§2 sous e) TFUE. Cela signifie, en vertu de l'article 2§2 TFUE, que tous

---

99 Sophie BAZIADOLY, *op. cit.*, p. 94.

100 Nicolas de SADELEER, « European Union », *in* Elisa MORGERA and Jona RAZZAQUE, *Biodiversity and nature protection law*, Elgar Encyclopedia of Environmental Law, vol. III, 2017, p. 417.

101 Claude BLUMANN, Louis DUBOUIS, *Droit matériel de l'Union européenne*, 8e éd., LGDJ, coll. « Précis Domat », 2020, p. 267.

102 *Ibid.*, p. 268.

103 Pour une synthèse, v. *ibid.*, p. 268 et 269.

deux sont compétents. Les États membres exercent leur compétence dans la mesure où l'Union n'a pas exercé la sienne et réciproquement les États membres exercent à nouveau leur compétence lorsque l'Union décide de cesser d'exercer la sienne. En droit général de l'Union, l'exercice d'une compétence partagée est délimité par le principe de subsidiarité (article 5§3 TUE) et par le principe de proportionnalité (article 5§4 TUE). Le premier signifie que l'Union ne peut être compétente pour exercer sa compétence que dans la mesure où les objectifs poursuivis ne peuvent pas être atteints efficacement à l'échelle des États membres. Il constitue alors un atout pour la conservation de la nature transfrontalière[104]. Le principe de proportionnalité signifie quant à lui que l'action de l'Union ne doit pas excéder ce qui est nécessaire pour atteindre les objectifs des traités[105].

[104] V. *infra*, §91.

[105] À ce sujet, les ouvrages suivants peuvent être consultés : Claude BLUMANN, Louis DUBOUIS, *Droit institutionnel de l'Union européenne*, 7e éd., LexisNexis, 2020, p. 491-586 et Marc BLANQUET, *Droit général de l'Union européenne*, 11e éd., Dalloz, coll. « Sirey », 2018, p. 72-132. Par ailleurs, pour un ouvrage spécialisé en droit européen de l'environnement, il peut être consulté par exemple David LANGLET, Said MAHMOUDI, *EU Environmental Law and Policy*, Oxford University Press, 2016, p. 46-49.

CONCLUSION DU CHAPITRE 1

35. Le droit international de l'environnement, initialement utilitariste et fondé sur des préoccupations économiques, a constitué un système juridique structuré lors de la fin du XIXe et de la première moitié du XXe siècles. Lorsque la dégradation de l'état de l'environnement a été documentée scientifiquement, le droit international a alors été un ordre juridique idéal pour énoncer les finalités du droit de l'environnement moderne. Tel a été le cas de la déclaration de Stockholm, en 1972, à l'occasion du premier Sommet de la Terre. Cette source du droit étant peu contraignante et souple, elle permet l'établissement de compromis nécessaire entre les États. Ce n'est que par la suite que les premiers objectifs ont été formulés.

36. Cela a d'abord été le cas de la Convention de Berne, en 1979. Cette Convention a été la première à créer un régime juridique de protection des espèces de flore et de faune sauvages applicable à l'espèce. Le loup gris y a été classé en annexe II, soit l'annexe concernant les espèces de faune strictement protégées. En dépit de cela, cette Convention n'a pas eu suffisamment d'effectivité.

37. C'est alors que l'Union européenne s'est imposée d'elle-même, à travers ses plans d'action pour l'environnement successifs, comme un rouage essentiel pour articuler efficacement le droit international avec les droits nationaux de ses États membres. L'Union a progressivement énoncé un objectif, qu'elle souhaitait très ambitieux, de protection de la flore, de la faune sauvages et de leurs milieux naturels. Néanmoins, les traités fondateurs ne lui attribuaient pas de compétence dans le domaine du droit de l'environnement. Elle était alors freinée dans la réalisation de ses objectifs et c'est en raison de cela qu'elle s'est attribué de telles compétences environnementales à partir de l'Acte unique européen, en 1986. Désormais compétente, cet objectif politique a pu être traduit juridiquement en droit de l'Union.

CHAPITRE 2

La traduction juridique de l'objectif

38. Énoncé comme un objectif européen, c'est logiquement à cette échelle que l'objectif a été traduit juridiquement en premier. Mais encore, l'Union européenne a constitué une articulation entre le droit international et le droit interne de ses États membres (**Section 1**). En outre, les caractéristiques juridiques de l'objectif constituent un facteur majeur de son efficacité pour contribuer à la réalisation de l'objectif (**Section 2**).

SECTION 1. UNE ARTICULATION ENTRE DROIT INTERNATIONAL ET INTERNE REALISEE PAR L'UNION EUROPEENNE

39. L'objectif a d'abord été traduit juridiquement par le droit européen de l'environnement (**§1**). Par la suite, il a été transposé en droit interne, mais inégalement (**§2**).

§1. L'énonciation juridique de l'objectif par la directive Habitats

40. À travers son quatrième plan d'action pour l'environnement, l'Union européenne a exigé d'elle-même qu'elle accélère ses politiques publiques de conservation de la biodiversité. En dépit de son ambition initiale, le troisième plan d'action n'a pas été satisfaisant. Le premier plan pour l'environnement a conduit à une proposition de directive relative à la conservation des oiseaux, finalement adoptée en 1979 (et depuis révisée en 2009). La Convention de Berne a été adoptée la même année. Elle est le premier texte juridique à avoir historiquement protégé *Canis lupus* dans les États étudiés. Chacun de ces deux textes inspirera l'Union pour traduire juridiquement son objectif politique de conservation de la biodiversité. Elle reprendra la technique de la directive et s'inspirera du régime juridique institué par la Convention de Berne (qu'elle a ratifiée), tout en l'améliorant. La genèse de la directive Habitats a donc lieu au cours des années 1970 à 1990. Les intentions de l'Union furent multiples au cours de cette période. D'une part, elle souhaita créer un cadre juridique général afin d'harmoniser et coordonner ses politiques publiques de protection de l'environnement. Elle renforcera ainsi ses compétences environnementales à partir de l'Acte unique européen de 1986. D'autre part, en raison des lacunes de la Convention de Berne, elle se considéra comme étant capable de contribuer à la réalisation de l'objectif de conservation de la biodiversité qu'elle a énoncé.

41. Environ dix mois après le quatrième programme d'action pour l'environnement — une rapidité qui témoigne d'un certain volontarisme politique —, une proposition de directive a été publiée au Journal officiel des Communautés européennes. C'est cette proposition qui deviendra quatre ans plus tard la directive dite « Habitats » [106]. L'article premier de cette proposition énonce que la directive a pour objet, notamment, d'assurer la conservation de la faune et de la flore sauvages. L'article 3 définit les notions d'espèces en danger et d'espèces vulnérables, mais le concept d'état de conservation favorable n'y apparaît pas encore. Le régime juridique de protection des espèces est disposé par l'article 12, comme pour la directive Habitats. La rédaction des deux textes diffère légèrement mais ce n'est pas significatif, les deux s'inspirant en grande partie de

[106] Proposition de directive du Conseil concernant la protection des habitats naturels et semi-naturels ainsi que de la faune et de la flore sauvages, Présentée par la Commission au Conseil le 16 août 1988, COM(88) 381 final, JOCE, n° C 247/3 du 21.9.88.

la Convention de Berne. L'article 17 de la proposition porte sur la possibilité de déroger à l'article 12, ce qui équivaut à l'article 16 de la directive Habitats. Là encore, les conditions de dérogation sont similaires, à l'exception de la condition consistant en ce que la dérogation ne doit pas nuire à l'état de conservation favorable de l'espèce. Dans le texte de la proposition de 1988, il y a en lieu et place de l'état de conservation favorable une condition selon laquelle la dérogation ne doit pas nuire « *au maintien à des niveaux satisfaisants de la population concernée dans leur aire de distribution naturelle* ».

42. Quatre ans après cette proposition, la directive 92/42/CEE du Conseil, du 21 mai 1992, concernant la conservation des habitats naturels ainsi que de la faune et de la flore sauvages fut adoptée [107]. Le régime juridique qu'elle dispose est similaire à celui de la proposition de 1988, les deux textes transposant la Convention de Berne en droit de l'Union. Les différences ne sont qu'anecdotiques. La principale plus-value de la directive, que n'avait pas la proposition de 1988, consiste en une sophistication de l'objectif de conservation de la flore et de la faune sauvages. Le deuxième alinéa de l'article 2 de la directive dispose que « [*l*]*es mesures prises en vertu de la présente directive visent à assurer le maintien ou le rétablissement, dans un état de conservation favorable, des habitats naturels et des espèces de faune et de flore sauvages d'intérêt communautaire* ». Ce concept nouveau d'état de conservation favorable, qui est donc également l'objectif de la directive, est l'aboutissement du processus de juridicisation de l'objectif qui a débuté avec la déclaration de Stockholm en 1972. Il n'a toutefois pas été possible, dans cette étude, de trouver des informations sur la construction de cet objectif entre 1988 et 1992. Il s'agit d'un objectif sophistiqué, en ce sens qu'il intègre au droit le fait scientifique. Avant de revenir sur la définition juridique et scientifique de ce concept, qui traduit à la fois la définition finaliste et la définition nominaliste du droit de

[107] Journal officiel n° L 206 du 22/07/1992 p. 0007 - 0050.

l'environnement[108], il convient d'aborder sa transposition dans le droit interne espagnol, français et suédois.

§2. Une transposition inégale de l'objectif en droit interne

43. Si la directive Habitats énonce à son article 2 que l'état de conservation favorable est un objectif à atteindre, il n'est pas repris par le droit interne français de cette manière. Ce dernier n'a transposé l'état de conservation favorable qu'à travers le régime de dérogation de l'article 16, l'état de conservation favorable étant l'un des trois critères de ladite dérogation. Tout au plus, la loi pour la reconquête de la biodiversité du 8 août 2016 [109] a introduit un article L. 110-3 dans le Code de l'environnement qui prévoit l'élaboration d'une stratégie nationale pour la biodiversité, déclinée en stratégies régionales, qui « *contribuent à l'intégration des objectifs de conservation et d'utilisation durable de la biodiversité dans les politiques publiques* » (quatrième alinéa)[110]. Il aurait été plus pertinent de mentionner plus directement l'objectif d'état de conservation favorable.

---

[108] Le finalisme, précédemment défini (v. *supra*, §3), considère que le droit de l'environnement se définit par les objectifs qu'il poursuit, soit la préservation et l'amélioration de l'environnement. Selon le nominalisme, le droit de l'environnement met en adéquation le droit et le réel. L'intégration du réel au droit se faisant par le biais de la science, et en particulier de l'écologie scientifique. Ainsi le concept d'état de conservation favorable, fondamentalement scientifique puis juridicisé, correspond simultanément à la fois la définition finaliste (il est un objectif du droit de l'environnement) et à la définition nominaliste (il met en adéquation le langage du droit avec la crise de la biodiversité). Sur la définition nominaliste, v. par exemple Éric NAIM-GESBERT, « La définition nominaliste du droit de l'environnement », *in* Jean UNTERMAIER, « *Des petits oiseaux aux grands principes* », Mare et Martin, 2018, p. 283-289 ainsi que Éric NAIM-GESBERT, « L'accord du nom et de la chose, initium du droit de l'environnement », *Rev. jur. env.*, 2016, vol. 41, n° 1, p. 15-19.

[109] Loi n° 2016-1087 du 8 août 2016 pour la reconquête de la biodiversité, de la nature et des paysages, JORF n°0184 du 9 août 2016.

[110] Chantal CANS, Olivier CIZEL (dir.), *Loi biodiversité, ce qui change en pratique*, Editions Législatives, 2017, p. 274.

44. En Espagne, l'article 54§1 de la loi 42/2007 du 13 décembre 2007, sur le patrimoine naturel et la biodiversité énonce que l'État et les communautés autonomes « *adopteront les mesures nécessaires pour garantir la conservation de la biodiversité vivant à l'état sauvage* » mais encore « *qu'ils doivent adopter les mesures pertinentes pour que la collecte des espèces de faune et de flore sauvages d'intérêt communautaire énumérées à l'annexe VI, ainsi que la gestion de leur exploitation, soient compatibles avec le maintien de ces espèces dans un état de conservation favorable.* »[111]. L'annexe VI concerne seulement les loups situés au nord du Duero, dont le régime juridique correspond à l'annexe V de la directive Habitats.

45. En Suède, le chapitre 1, section 1, alinéa 3 du Code de l'environnement dispose un objectif de préservation de la diversité biologique. De même, le plan de gestion du loup suédois[112] énonce un objectif en matière de protection des grands prédateurs, en son point 2.2., il s'agit d'un « *objectif global et à long terme* » selon lequel les loups (mais aussi les ours, gloutons, lynx et aigles royaux) doivent atteindre et maintenir un état de conservation favorable conformément à la directive Habitats, tout en ne portant pas atteinte de manière significative à l'élevage d'animaux domestiques et en tenant compte des considérations socio-économiques. Le plan national reprend ici une proposition du gouvernement suédois intitulée « *En hållbar rovdjurpolitik* »[113] (une politique durable des

---

[111] Article traduit par l'auteur.

[112] Ce plan est consultable sur le site internet suivant : https://www.naturvardsverket.se/Om-Naturvardsverket/Publikationer/ISBN/8700/978-91-620-8758-6/, consulté le 22 juin 2021. Il portait initialement sur la période 2014-2019, a été actualisé en janvier 2016, puis prolongé jusqu'à la fin de l'année 2021. Un nouveau plan est donc en cours d'élaboration.

[113] Prop. n° 2012/13/191, consultable sur le site internet suivant (en suédois) : https://data.riksdagen.se/fil/8F6C2A27-076E-4288-8E36-9F75655C2329, consulté le 22 juin 2021.

prédateurs). Cette proposition a été approuvée par le Parlement en décembre 2013[114].

46. Si l'énonciation suédoise concilie l'objectif avec des considérations socio-économiques, cela ne trahit pas l'esprit de la directive Habitats, l'article 2§3 de cette dernière disposant que « [l]es *mesures prises en vertu de la présente directive tiennent compte des exigences économiques, sociales et culturelles, ainsi que des particularités régionales et locales.* ». Par ailleurs, l'alinéa 3 du préambule de la directive reconnaît que le « *but principal* » de la directive est de « *favoriser le maintien de la biodiversité tout en tenant compte des exigences économiques, sociales, culturelles et régionales* […] ». Une telle formulation pourrait laisser penser que la protection de la biodiversité est un objectif qui prime sur ces autres considérations. À ce sujet, l'article 16§1 confirme cette interprétation de la directive, puisque selon son point c), des raisons impératives d'intérêt public majeur de nature sanitaires, sécuritaires, sociales ou économiques pourraient justifier une dérogation à l'article 12. En tout état de cause, il serait difficile d'interpréter l'énonciation suédoise de l'objectif comme une régression par rapport à la directive dans la mesure où ladite énonciation précise que l'atteinte à ces considérations socio-économiques ne doivent pas être « *significatives* ». Le juste équilibre recherché par la directive semble donc être respecté.

47. En Suède, l'objectif a été repris en tant qu'objectif et non comme une condition de dérogation, au contraire de l'Espagne et de la France. En revanche, il est difficile de mesurer si l'effet de la transposition en droit interne suédois a eu un effet quelconque, même indirect, sur la contribution du droit à la réalisation de l'état de conservation favorable, notamment en l'absence de jurisprudence.

---

[114] Bet. 2013/14:MJU7, consultable sur le site internet suivant (en suédois) : https://data.riksdagen.se/fil/508C61CC-FB28-4D3F-8A10-F2E8B49B5295, consulté le 22 juin 2021.

SECTION 2. LES CARACTERISTIQUES DE L'OBJECTIF

48. Le concept d'état de conservation favorable est remarquable du fait de la qualité de sa rédaction, qui témoigne de sa sophistication importante (**§1**). Néanmoins, aucune échéance n'est associée à sa réalisation, contrairement à d'autres objectifs politiques, ce qui pourrait pourtant améliorer son potentiel de contribution à l'objectif (**§2**).

§1. Une définition juridico-écologique sophistiquée de l'objectif

49. Le point i) de l'article premier de la directive définit l'état de conservation d'une espèce comme « *l'effet de l'ensemble des influences qui, agissant sur l'espèce, peuvent affecter à long terme la répartition et l'importance de ses populations sur le territoire visé à l'article 2.* ». Il sera considéré comme étant favorable à la condition que trois critères énumérés à la suite de cette définition soient réunis. Premièrement, il faut que « *les données relatives à la dynamique de la population de l'espèce en question indiquent que cette espèce continue et est susceptible de continuer à long terme à constituer un élément viable des habitats naturels auxquels elle appartient.* ». Deuxièmement, l'aire de répartition naturelle de l'espèce ne doit ni diminuer ni risquer de diminuer dans un avenir prévisible. Dernièrement, il doit exister et il devra probablement continuer d'exister un habitat suffisamment étendu que pour les populations de l'espèce puissent se maintenir à long terme. Cette définition appelle à trois remarques.

50. En premier lieu, elle est particulièrement sophistiquée en raison de son intégration de ces trois critères scientifiques. Ce faisant, l'objectif est davantage en adéquation avec le réel qu'un simple objectif général de conservation de la biodiversité. C'est en ce sens qu'il peut être soutenu que l'Union européenne a parachevé l'énonciation de l'objectif, avec la directive Habitats, en l'apportant à un tel niveau de sophistication, ou de maturation[115].

---

[115] Éric NAIM-GESBERT, « Maturité du droit de l'environnement », *Rev. jur. env.*, 2010/2, vol. 35, p. 231-240.

Avec ces trois critères, le contrôle de la dérogation à la protection instituée par l'article 12, qui comprend trois conditions dont le contrôle de l'atteinte à l'état de conservation favorable, est particulièrement strict. L'existence d'une définition aussi précise oblige le juge, par le biais de l'intégration de la science dans le droit, à interpréter l'objectif au regard des données factuelles qui existent. La conséquence en est que l'interprétation par la jurisprudence de l'article 16 s'est faite en la faveur de la protection de l'espèce[116]. Il est possible de déduire la sophistication du concept (qui est par ailleurs également un objectif) d'état de conservation favorable à partir d'une comparaison entre la directive Habitats et la directive Oiseaux, laquelle a pour objectif de « *maintenir ou adapter la population* » d'oiseaux (article 2). Julien BETAILLE remarque ainsi qu'il serait intéressant (pour la conservation des oiseaux visés par la directive Oiseaux) qu'un pont soit franchi entre les deux directives, la prise en compte de la viabilité à long terme d'une espèce donnée par le concept semblant « *constituer une exigence plus forte que celle qui consiste simplement à éviter sa disparition.* »[117]. Une interprétation téléologique de la directive Oiseaux par la CJUE permettrait de faire un tel pont. Au demeurant, la Commission européenne a amorcé une telle interprétation en considérant que « *les principes sous-jacents* [de l'état de conservation favorable] *sont également applicables en rapport avec les objectifs de* [la directive Oiseaux]. »[118].

51. En deuxième lieu, si la qualité de la rédaction du concept d'état de conservation favorable contribue à sa réalisation, cela a pour défaut de complexifier sa compréhension par les destinataires de ladite norme (soit, en particulier, l'administration et le juge)[119]. Il a dès lors été nécessaire qu'un

---

[116] V. *infra*, §150.

[117] Julien BÉTAILLE, « La directive oiseaux quarante ans après : des résultats encourageants et des espoirs à concrétiser », *RSDA*, 2/2020, p. 320-321.

[118] EUROPEAN COMMISSION, *Guidance document on hunting under Council Directive 79/409/EEC on the conservation of wild birds "The Birds Directive."*, 2008, p. 23.

[119] Cela pose la question de la pertinence de créer des juridictions administratives spécialisées dans le contentieux de l'environnement, à l'instar de celles qui existent en Suède, où des juges dits « professionnels » sont assistés de juges dits « techniques », ces derniers étant des scientifiques (mais

travail de clarification de la signification du concept soit accompli par la doctrine, quant aux caractéristiques juridiques et écologiques de sa définition[120].

52. En troisième et dernier lieu, le point commun des trois critères de la définition est qu'ils doivent être appréciés au regard du long terme. La notion de long terme est toutefois particulièrement imprécise en ce sens que l'on ne sait pas à quelle échéance il devrait être apprécié. Il se pose alors la question de l'association d'une échéance à la réalisation de l'objectif[121].

§2. L'absence d'une échéance associée à la réalisation de l'objectif

53. D'abord en matière de conservation de la faune sauvage, cet intérêt se pose d'un point de vue de l'écologie. Il faut distinguer à ce propos le concept de *viabilité* de l'espèce qui s'apprécie dans un espace de temps précisément délimité de l'état de conservation favorable qui inclut la viabilité, mais ajoute l'aspect du rôle écologique de l'espèce dans l'écosystème ainsi que l'aspect génétique. De ce point de vue, un obstacle à la réalisation de l'objectif est que la directive n'associe pas de

---

ces juridictions sont incompétentes pour le contentieux de la protection du loup gris, ce dernier relevant du droit de la chasse et donc des juridictions administratives générales).

[120] V. à ce sujet Yaffa EPSTEIN, José Vicente LÓPEZ-BAO, Guillaume CHAPRON, « A Legal-Ecological Understanding of Favorable Conservation Status for Species in Europe: Understanding favorable conservation status », *Conservation Letters*, mars 2016, vol. 9, n° 2, p. 81-88 ; Arie TROUWBORST, Luigi BOITANI, John D. C. LINNELL, « Interpreting 'favourable conservation status 'for large carnivores in Europe: how many are needed and hor many are wanted? », *Biodiversity Conservation*, 2017, vol. 26, p. 37-61 ainsi que EUROPEAN COMMISSION, What is 'favourable conservation status 'for species? Researchers clear up misinterpretations, *Science for Environment Policy: 457*, 2015, consulté le 10 août 2021.

[121] V. Thibault SOLEILHAC, *Le temps et le droit de* l'environnement, thèse, droit, Lyon III, 2006 ; Jessica MAKOWIAK, « À quel temps se conjugue le droit de l'environnement ? » *in* Michel PRIEUR, *Pour un droit commun de l'environnement*, Dalloz, 2007, p. 283-295 et Martine REMOND-GOUILLOUD, « À la recherche du futur. La prise en compte du long terme par le droit de l'environnement », *Rev. jur. env.*, 1992, vol. 17, n° 1, p. 5-17.

temporalité à sa réalisation. En l'absence d'une échéance, il est difficile de constater qu'un État n'applique pas suffisamment la directive Habitats[122], ce dernier n'étant pas lié par une date précise à laquelle l'état de conservation favorable devrait être obtenu pour l'espèce. Ce problème se pose particulièrement en Suède, où l'importante consanguinité de la population de loups est aujourd'hui un obstacle important à l'accomplissement de l'objectif[123]. L'essor du contentieux climatique depuis le célèbre arrêt Urgenda c. Pays-Bas en 2015[124] témoigne de la plus-value juridique de l'association d'une temporalité à un objectif environnemental. Ce dernier correspond à l'objectif de réduction des gaz à effet de serre (lequel se décline par la suite en sous-objectifs, tel que la hausse de la part des énergies renouvelables). Selon l'annexe 1 du règlement (UE) 2018/842 du Parlement européen et du Conseil relatif aux réductions annuelles contraignantes des émissions de gaz à effet de serre pour les États membres de 2021 à 2030, en date du 30 mai 2018, l'Espagne doit réduire ses émissions de gaz à effet de serre de -26% en 2030 par rapport à 2005, la France de -37% et la Suède de -40%. Il s'agit donc bien d'un objectif chiffré et auquel une échéance est associée à sa réalisation.

54. Le contentieux climatique est désormais, de surcroît, une tendance internationale, au sein de laquelle les décisions de jurisprudence sont désormais nombreuses[125]. On peut illustrer ce propos par « l'Affaire du Siècle » et l'affaire de la commune de Grande-Synthe[126] en France, un arrêt du 24 mars 2021 de la

---

[122] Dans le but de motiver un recours en manquement.

[123] V. *infra*, §153.

[124] Hague District Court, 24 juin 2015, *Urgenda Foundation vs Government of the Netherlands (Ministry of Infrastructure and Environment)*, Case C/09/456689/HA ZA 13-1396.

[125] V. Par exemple Christel COURNIL (dir.), *Les grandes affaires climatiques*, Aix-en-Provence, Confluence des droits [en ligne], 2020.

[126] TA Paris, 3 février 2021, *Association Oxfam France et a.*, n°1904967, n°1904968, n°1904972, n°1904976/4-1 et CE, 19 novembre 2020, *Commune de Grande-Synthe*, n°427301, *Rev. jur. env.*, 2/2021, obs. Rémi RADIGUET, p. 407-420. Par un deuxième arrêt CE, 1er juillet 2021, *Commune de Grande-Synthe*, n°427301, le Conseil d'État a donné droit aux conclusions à fin d'injonction du requérant (cons. 7), enjoignant à l'État de prendre des mesures propres à réaliser l'objectif, avant le 31 mars 2022.

Cour constitutionnelle allemande[127] ou encore plus récemment un jugement belge[128]. Cet essor du contentieux climatique permet alors d'accélérer la réalisation de cet objectif de réduction des émissions de gaz à effet de serre[129]. Par ailleurs, le contentieux climatique a récemment porté sur les obligations d'une entreprise privée, un jugement néerlandais ayant ordonné au groupe Shell de réduire de 45% ses émissions de gaz à effet de serre d'ici à 2030[130]. Cette décision néerlandaise accroît le potentiel de contribution du droit aux objectifs environnementaux en étendant aux personnes morales de droit privé les injonctions qui peuvent être prononcées par le juge. En se fondant sur un objectif daté, le juge peut d'une part engager la responsabilité administrative de la puissance publique et d'autre part prononcer des injonctions à son encontre. Une telle injonction a été prononcée par le Conseil d'État dans l'affaire *Commune de Grande-Synthe* précitée, ce qui pose au demeurant la question des limites des pouvoirs du juge administratif au regard de la séparation des pouvoirs[131].

---

[127] L'arrêt est disponible (en allemand) sur le lien suivant : https://www.actu-environnement.com/ae/news/justice-climatique-decision-cour-constitutionnelle-loi-cllimat-allemagne-37458.php4, consulté le 23 juin 2021.

[128] L'arrêt est disponible (en français) sur le lien suivant : https://www.actu-environnement.com/ae/news/justice-climatique-faute-etat-regions-belgique-jugement-tribunal-bruxelles-37745.php4, consulté le 23 juin 2021.

[129] Sabine LAVOREL a récemment démontré l'intérêt de ce nouveau type de contentieux environnemental (v. Sabine LAVOREL, « Le rôle des juges dans l'émergence d'une responsabilité climatique des Etats », *Rev. jur. env.*., 2021, vol. 46, n°2021/1, p. 37-62.)

[130] La décision est disponible (en néerlandais) sur le lien suivant : https://www.actu-environnement.com/ae/news/justice-climatique-decision-shell-tribunal-la-haye-37597.php4, consulté le 23 juin 2021.

[131] L'injonction prononcée par le Conseil d'État français dans cette affaire pose la question de la séparation des pouvoirs ; plus précisément de la frontière des pouvoirs du juge à l'égard du pouvoir exécutif. C'est ainsi que Bruno LASSERRE, vice-président du Conseil d'État, reconnaît que « *le juge administratif doit impérativement rester conscient de ses limites* », certaines limites étant « *des lignes rouges* », la plus importante d'entre elles étant celle séparant « *le domaine juridictionnel du domaine politique* ». Le juge ne peut pas, en effet, légalement se substituer au gouvernement lorsque ce dernier est compétent en vertu de la Constitution (article 34 : la loi fixe les règles concernant la préservation de l'environnement). Néanmoins, par cette décision, le Conseil d'État ne fait qu'opérer un contrôle des mesures prises par

55. En outre, cette décision est particulièrement intéressante au regard de notre objet de recherche dans la mesure où le juge administratif y intègre à son raisonnement des éléments d'appréciation extra-juridiques. En effet, les effets de la pandémie de covid-19 ayant participé à une réduction significative des émissions de gaz à effet de serre en 2020, cette réduction exceptionnelle et d'origine extra-juridique a été distinguée, par le juge, des réductions de gaz à effet de serre qui ont pour origine des facteurs juridiques (et sur lesquels les autorités publiques peuvent et doivent donc agir). L'enseignement principal du contentieux climatique, au regard de notre objet de recherche, est qu'associer des échéances à la réalisation d'un objectif juridique revêt un intérêt certain. Il s'agit d'un indice possible de la capacité du droit à contribuer à la réalisation d'un objectif, mais en l'absence d'une telle échéance, il n'y a pas eu de contentieux similaire pour le cas d'espèce du loup gris.

56. À cela il faut ajouter la question de la cessation, ou du moins du ralentissement, des effets de la protection juridique des espèces lorsque l'état de conservation favorable a été atteint. Le loup gris n'a, pour le moment, pas été retiré des listes d'espèces animales protégées dans aucun des trois pays étudiés. Toutefois, dans la pratique, on peut observer qu'à mesure que les populations de loups augmentent, le nombre de dérogations accordées augmente également (c'est particulièrement visible pour la Suède[132]). En France, l'arrêté interministériel du 23 octobre 2020 fixant le nombre de loups dont la destruction

---

l'État pour la réalisation de l'objectif, sans qu'il n'exerce une quelconque influence sur la teneur desdites mesures. La limite semble donc être bien respectée. V. la participation de Bruno LASSERRE en ouverture de la conférence « De nouvelles frontières pour le juge administratif ? », 18 décembre 2020, disponible (en français) sur https://www.youtube.com/watch?v=Emy60g4o_6Y, à partir de 22 minutes et 50 secondes.

[132] V. à ce propos Arie TROUWBORST, Floor M. FLEURKE, « Killing Wolves Legally: Exploring the Scope for Lethal Wolf Management under European Nature Conservation Law », *Journal of International Wildlife Law & Policy*, vol. 22, issue 3, novembre 2019, p. 26-27.

pourra être autorisée chaque année[133] prévoit qu'un maximum de 118 loups pourront faire l'objet de dérogations en 2021, ce qui correspond à 19% de l'effectif total. À titre de comparaison, l'arrêté antérieur en date du 19 février 2018, fixait un maximum de 40 loups pour l'année 2018, ce qui correspondait alors à 10% de l'effectif total[134]. Un arrêt récent de la CJUE pourrait avoir un intérêt pour cette question, dans la mesure où il juge que « *la protection offerte par* [l'article 12 de la directive] *ne cesse pas de s'appliquer aux espèces ayant atteint un état de conservation favorable* » [135] . Sans avoir de temporalité associée à sa réalisation, l'objectif d'état de conservation favorable pourrait ainsi bénéficier aux espèces à long terme, y compris à celles ayant déjà obtenu le statut. Cela aurait pour intérêt de sauvegarder les objectifs réalisés, en revanche, la prédation du loup sur les ongulés domestiques continuerait d'augmenter.

---

[133] L'arrêté est disponible (en français) sur http://www.auvergne-rhone-alpes.developpement-durable.gouv.fr/IMG/pdf/joe_20201029_0263_0004.pdf, consulté le 4 août 2021.

[134] L'arrêté est disponible (en français) sur http://www.auvergne-rhone-alpes.developpement-durable.gouv.fr/IMG/pdf/20180220_amnombreloups-2.pdf, consulté le 3 août 2021.

[135] CJUE, 4 mars 2021, *Föreningen Skydda Skogen et a.*, aff. C-473/19 et C-474/19, §88.

CONCLUSION DU CHAPITRE 2

57. Au début des années 1980, l'Union européenne a fait le constat du manque d'effectivité de la Convention de Berne, qui a pourtant été le premier texte du droit moderne de l'environnement à protéger le loup gris. Par conséquent, l'Union a énoncé à la suite des conventions pionnières du droit international de l'environnement un objectif de conservation de la flore et de la faune sauvages à travers ses plans d'action pour l'environnement. Cet objectif a été traduit juridiquement par la directive Habitats en 1992. La directive a pour principale plus-value, par rapport à ses travaux préparatoires (essentiellement une proposition de directive en date de 1988) et à la Convention de Berne de consacrer un objectif particulièrement sophistiqué, soit le concept d'état de conservation favorable. Ce dernier a par la suite été transposé en tant qu'objectif en Suède seulement, mais il est en revanche complexe de mesurer si cette transposition en droit interne suédois a contribué à réaliser l'objectif.

58. La définition de l'état de conservation favorable est un exemple de la maturité du droit de l'environnement et de sa capacité à intégrer en son sein des considérations scientifiques. Son énonciation par l'Union européenne constitue l'aboutissement du processus d'énonciation d'un objectif de conservation de la flore et de la faune sauvages (et donc de *Canis lupus*). La principale qualité de ce concept constitue également un défaut important, en ce sens que sa complexité technique a conduit à ce qu'un certain travail doctrinal de clarification sémantique et de ce qu'il implique juridiquement soit nécessaire. Ce défaut complexifie l'appropriation du concept par l'administration et surtout par le juge.

59. Un autre défaut important de l'objectif d'état de conservation favorable, tel qu'il est énoncé par la directive Habitats, est qu'il n'est pas assorti d'échéances. À l'inverse, par exemple, des objectifs de réduction des gaz à effet de serre. Concernant ce dernier, l'exemple du contentieux climatique démontre tout l'intérêt de telles échéances. En effet, le juge peut dès lors s'approprier cette dimension temporelle de l'objectif pour adresser à l'égard des personnes morales de droit public des injonctions à améliorer les mesures prises aux fins d'une réalisation plus rapide de l'objectif.

CONCLUSION DU TITRE I

60. L'objectif européen consistant en la conservation du loup gris est né dans le cadre d'un contexte international qui était un véritable terreau propice à son énonciation. Plus précisément, la déclaration de Stockholm (1972) et la Convention de Berne (1979) ont amorcé un mouvement dont la réception par l'Union européenne a été progressive. Elle s'est d'abord faite à travers l'élaboration de plusieurs plans d'action pour l'environnement. Ces plans sont le fondement des politiques publiques européennes environnementales. En outre, ils permettent de mesurer le degré d'ambition des politiques publiques — et donc les objectifs — que l'Union poursuit.

61. Pour ce faire, cette dernière a été dans l'obligation de faire évoluer ses compétences dans le domaine du droit de l'environnement, ce qu'elle a fait avec l'Acte unique européen en 1986. Deux ans plus tard, une proposition de directive naissait sous l'impulsion du quatrième plan d'action pour l'environnement dans lequel l'Union a énoncé qu'elle est en mesure de contribuer efficacement à la réalisation de l'objectif de conservation de la biodiversité. Cette proposition conduira à l'adoption de la directive Habitats en 1992. La directive Habitats est originale en ce qu'elle a parachevé l'énonciation de l'objectif en consacrant un concept sophistiqué qui intègre des considérations écologiques dans le droit, le concept d'un d'état de conservation favorable des espèces. Ce dernier fut transposé en tant qu'objectif dans le droit interne suédois, mais seulement en tant que condition pour déroger à la protection des espèces, en droit espagnol et français.

62. On pourrait objecter que ce concept revêt un défaut qui pourrait améliorer conséquemment sa capacité à contribuer à la réalisation de l'objectif qu'il poursuit. En effet, contrairement à d'autres objectifs européens, aucune échéance n'est prévue par le droit européen pour l'état de conservation favorable des espèces. Un exemple pertinent de cette plus-value se retrouve dans l'essor récent du contentieux climatique dans lequel le juge s'approprie la temporalité des objectifs de réduction des gaz à effet de serre de telle sorte qu'il soit réalisé à temps. Cela doit néanmoins être relativisé car l'état de conservation favorable a bénéficié à l'espèce. En effet, il a été inséré au sein de l'ordre juridique européen, lequel accroît son efficacité.

TITRE II

L'insertion de l'objectif dans un ordre juridique européen efficace

« *Effet direct, primauté, interprétation commune, sanction des manquements..., si les droits nationaux de l'environnement sont aussi fortement empreints des règles édictées en la matière par l'Union européenne, c'est que celles-ci sont produites dans un cadre institutionnel spécifique comme l'affirmait déjà en 1963 la Cour de justice de la Communauté européenne dans son arrêt Van Gend en Loos.* »[136]

63. Le système normatif qui est celui du droit européen général présente plusieurs facteurs qui lui permettent d'être efficace (**Chapitre 1**). En outre, un régime juridique original de la faune sauvage, lequel concourt à la réalisation de l'objectif, a été établi au sein de ce système par la directive Habitats en 1992 (**Chapitre II**).

[136] Ève TRUILHE-MARENGO, *Droit de l'environnement de l'Union européenne*, Larcier, coll. « Paradigme », 2015, p. 17.

CHAPITRE 1

Les facteurs d'efficacité de l'ordre juridique de l'Union européenne

64. Les facteurs juridiques de l'efficacité de l'ordre juridique européen peuvent être regroupés en deux catégories. En premier lieu, l'ordre juridique européen dispose de facteurs qui favorisent et garantissent son applicabilité (**Section 1**). En second lieu, une comparaison entre un État membre et un État non-membre permet de démontrer l'efficacité de l'ordre juridique européen (**Section 2**).

SECTION 1. LES FACTEURS FAVORISANT L'APPLICABILITE DU DROIT

65. Si « *il est difficile de se faire une idée précise de l'application du droit communautaire de l'environnement* [...] *faute d'outils d'évaluation* »[137], il est possible de déduire de l'étude du droit européen général que ce dernier dispose de plusieurs facteurs qui favorisent son effectivité. Premièrement, la portée du droit de l'Union vis-à-vis des États membres et des particuliers est essentielle quant à son applicabilité (**§1**). Deuxièmement, cette applicabilité est encore accrue par la possibilité d'un recours en manquement, qui est une garantie

[137] Catherine HAGUENAU-MOIZARD, « Le droit communautaire », *in* Olivera BOSKOVIC (dir.), *L'efficacité du droit de l'environnement, Mise en œuvre et sanctions*, Dalloz, 2010, p. 100.

supplémentaire de l'effectivité de la norme. Cette garantie est en revanche tributaire de la mobilisation du recours en manquement par la Commission européenne (**§2**).

§1. La portée du droit de l'Union européenne

A. Le principe de primauté du droit européen

66. Dans l'arrêt *Costa c/ Enel*[138], la CJCE a énoncé que « *le droit né du traité ne pourrait donc, en raison de sa nature spécifique originale, se voir judiciairement opposer un texte interne quel qu'il soit, sans perdre son caractère communautaire et sans que soit mise en cause la base juridique de la Communauté elle-même.* ». Dès lors, tout texte interne « *quel qu'il soit* » est concerné par la portée de la primauté, qu'il soit un texte administratif, législatif, juridictionnel et même de niveau constitutionnel[139]. D'une manière générale, la primauté peut être définie, « [...] *pour la norme qui en est dotée,* [comme ayant] *la vocation à s'appliquer, en cas de contrariété, de préférence à une norme inférieure.* »[140]. Cela signifierait alors qu'en cas de contrariété entre une norme communautaire et une norme qui lui est inférieure, celle qui devra être appliquée sera la norme européenne. Néanmoins la logique du droit communautaire est différente. Les normes communautaires sont le fruit d'une adoption commune par les États membres, qui ont estimé qu'elles devraient faire l'objet d'une application uniforme. Il s'agit donc d'un rapport « *de droit commun à droit particulier* » et non « *de droit supérieur à droit inférieur* » [141] . Suivant cette logique, une norme particulière contraire à une norme commune s'opposerait à une telle application uniforme du droit et devrait donc être écartée au profit de la norme commune. En conséquence, dans le cas où une norme nationale serait contraire à la protection du loup gris instituée par la directive Habitats, ladite norme devrait être écartée au profit de la directive. Un exemple pertinent pour

---

[138] CJCE, 15 juill. 1964, *Costa c/ Enel*, aff. 6/64, *Rec.* p. 1141.
[139] Marc BLANQUET, *op. cit.*, p. 478.
[140] Gérard CORNU, *op. cit.*, p. 804.
[141] Marc BLANQUET, *op. cit.*, p. 479.

l'illustration de l'intérêt de ce principe de primauté est celui du 9° de l'ancien article L. 2122-21 CGCT[142] qui donnait au maire la compétence d'autoriser la destruction de loups, sans que ne s'appliquent aucune des trois conditions de dérogation prévus par l'article 16 de la directive. Le Conseil d'État a validé l'annulation de plusieurs arrêtés municipaux pris sur le fondement de cet article le 8 décembre 2000 en jugeant que la capture ou la mise à mort de certains animaux sauvages ne peuvent avoir lieu que dans des cas strictement limités (par la directive)[143]. La compétence municipale d'autoriser des battues administratives aux loups a par la suite été supprimée par un décret n°2001-451 du 25 mai 2001. Plus précisément, les arrêts des cours d'appels ont été cassés car ils fondaient leurs raisonnements sur la Convention de Berne[144], laquelle ne produit pas d'effet direct dans l'ordre juridique interne. Mais le Conseil d'État a résolu les affaires au fond en se fondant sur la compatibilité de l'article à la directive.

B. Le principe de l'effet direct des normes européennes

67. Le principe d'effet direct, également d'origine prétorienne, « *désigne l'aptitude qu'a la règle communautaire à créer directement des droits ou des obligations dans le chef des particuliers* »[145]. Selon ce principe, « *le droit communautaire indépendant de la législation des États membres, de même qu'il crée des charges dans le chef des particuliers, est aussi destiné à engendrer des droits qui entrent dans leur patrimoine juridique.* »[146]. L'effet direct peut être soit complet, c'est-à-dire

---

142 Cet article est issu de la loi n° 96-142 du 21 février 1996 relative à la partie Législative du Code général des collectivités territoriales, JORF n°47 du 24 février 1996.

143 Il s'agit des arrêts du 8 décembre 2000 n°204756 (*Commune de Breil-sur-Roya*), n°205241 (*Commune d'Auvare*), n°205242 (*Commune de Belvédère*), n°205243 (*Commune de Thiery*), n°205244 (*Commune de la Bollène-Vésubie*), n°205245 (*Commune de Lieuche*), n°205246 (*Commune de Malaussène*) et enfin n°205247 (*Commune de Roquebillière*).

144 Corinne BOHBOT, « Les battues administratives aux loups mises en échec par la Convention de Berne », *Rev. jur. env.*, 1999, vol. 24, n° 3, p. 391-415.

145 Claude BLUMANN, Louis DUBOUIS, *op. cit.*, p. 638.

146 CJCE, 5 février 1963, *Van Gend et Loos*, aff. 26/62, *Rec.* p. 1.

à la fois vertical (le principe impose le respect des droits conférés par la règle communautaire à l'encontre de l'État) et horizontal (à l'encontre des personnes privées), soit limité ou partiel (à savoir, seulement vertical). Pour qu'une norme communautaire bénéficie de l'effet direct, elle doit être suffisamment claire, précise et inconditionnelle[147]. Ces trois critères s'appliquent quelle que soit la nature de la norme concernée, l'appréhension de l'effet direct variant par la suite en fonction de la nature de la norme. Une directive n'est pas, en principe, susceptible d'être d'effet direct car elle est par nature une norme médiate, en ce sens qu'elle nécessite d'être transposée en droit interne. En revanche, selon l'arrêt *Van Duyn*[148], une directive peut être d'effet direct dès lors que son délai de transposition a expiré, ce critère s'ajoutant dès lors aux trois susmentionnés. L'effet direct d'une directive est toutefois limité puisqu'il ne peut qu'être vertical[149]. S'agissant de la directive Habitats, elle devait être transposée au plus tard le 10 juin 1994[150]. Si un État donné a des difficultés à transposer une directive, l'effet direct permet alors d'assurer que la directive garde un « effet utile », soit qu'elle puisse déployer la « *plénitude de ses effets* » dans l'ordre juridique national[151].

C. L'obligation de résultat des directives

68. L'article 288§3 du TFUE prévoit que « *la directive lie tout État membre destinataire quant au résultat à atteindre, tout en laissant aux instances nationales la compétence quant à la forme et aux moyens.* ». Les États membres étant liés quant au résultat à atteindre des directives, et la directive Habitat ayant pour objectif l'état de conservation favorable ; ils ont par

---

[147] Selon Claude BLUMANN, Louis DUBOUIS, *op. cit.*, p. 639, la condition de clarté n'est plus toujours évoquée par la jurisprudence aujourd'hui, car elle se recoupe avec la condition de précision. Sur la définition des conditions de précision et d'inconditionnalité, v. p. 640.

[148] CJCE, 4 décembre 1974, *Van Duyn*, aff. 41-74.

[149] CJCE, 5 avril 1979, *Ratti*, aff. 148/78, *Rec.* p. 1629 et CJCE, *Marshall*, 2 février 1986, aff. 152/84.

[150] V. sur https://eur-lex.europa.eu/legal-content/FR/TXT/?uri=LEGISSUM%3Al28076, consulté le 28 juin 2021.

[151] CJCE, 9 mars 1978, *Simmenthal*, aff. C-106/77, *Rec.* p. 629.

conséquent une obligation d'atteindre l'état de conservation favorable pour les espèces qui sont protégées par la directive. Les États n'ont aucune obligation d'appliquer les mesures que prévoit la directive avant l'expiration de son délai de transposition[152]. En revanche, la Cour de justice se fonde sur l'obligation de coopération loyale qui découle de l'article 4§3 TFUE pour imposer aux États de « *s'abstenir de prendre des dispositions de nature à compromettre sérieusement le résultat prescrit par cette directive* »[153]. Plus encore, les États doivent prendre les mesures nécessaires à la mise en œuvre des règles contenues dans la directive et de sanctionner la violation de ces règles[154]. À cet effet, les sanctions du droit communautaire doivent avoir lieu « *dans des conditions, de fond et de procédure, qui soient analogues à celles applicables aux violations du droit national d'une nature et d'une importance similaires et qui, en tout état de cause, confèrent à la sanction un caractère effectif, proportionné et dissuasif* »[155]. En droit de l'environnement, l'obligation de résultat a conduit à ce que la CJUE estime que les États ont une obligation de prendre des mesures positives dans le domaine de la conservation des espèces[156]. Une conséquence notable de l'obligation de résultat est que les trois États ont adopté des plans nationaux de gestion du loup gris. La France en est à son second plan et l'Espagne et

---

[152] Claude BLUMANN, Louis DUBOUIS, *op. cit.*, p. 697.

[153] CJCE, 18 décembre 1997, *Inter-Environnement Wallonie*, aff. C-129/96, *Rec.* p. 7411.

[154] CJCE, 8 octobre 1987, *Kolpinghuis Nijmegen*, aff. 80/86, *Rec.* p. 3969.

[155] CJCE, 21 septembre 1989, *Commission / Grèce*, aff. n°68/88, §24. Voir Julien BETAILLE, « La directive oiseaux quarante ans après : des résultats encourageants et des espoirs à concrétiser », *op. cit.*, p. 322 ainsi que Catherine HAGUENAU-MOIZARD, « Le droit communautaire », *in* Olivera BOSKOVIC (dir.), *op. cit.*, p. 96.

[156] CJUE, 9 juin 2011, *Commission c/ France*, aff. C-383/09, §41 (en l'espèce, la France n'avait pas établi « *un programme de mesures permettant une protection stricte de l'espèce du grand hamster* »). V. également Marc CLÉMENT, « Global objectives and scope of the Habitats Directive — What Does the obligation of result mean in practice? The European hamster in Alsace », *in* Charles-Hubert BORN, An CLIQUET, Hendrik SCHOUKENS, Delphine MISONNE et Geert VAN HOORICK (Ed.), *The Habitats Directive in its EU Environmental Law Context: European Nature's Best Hope?*, Routledge, 2015, p. 9-21.

la Suède sont en cours d'élaboration d'un second plan également.

§2. La mobilisation nécessaire du recours en manquement par la Commission européenne

69. Le recours en manquement est prévu par les articles 258, 259 et 260 du TFUE. L'article 258 dispose que la Commission peut adresser un avis motivé à l'égard d'un État membre qui aurait selon elle manqué à une des obligations qui lui incombent en vertu des traités, ce dernier pouvant présenter ses observations. Dans le cas où l'État en cause ne se conformerait pas à cet avis dans le délai déterminé par la Commission, cette dernière peut saisir la CJUE. Concernant le loup gris, cette procédure n'a été utilisée par la Commission qu'à l'égard de la Suède, des trois pays étudiés[157]. Elle a également été utilisée à l'encontre de la Finlande, ce qui a conduit à deux arrêts très importants de la Cour de justice[158]. L'article 259 prévoit que chacun des États membres peut saisir la CJUE s'il estime qu'un État a manqué à l'une des obligations qui lui incombait en vertu des traités, mais il n'a pas été utilisé. Enfin, l'article 260 prévoit la procédure juridictionnelle du recours en manquement, à savoir le fait qu'un État condamné en manquement est tenu de prendre les mesures que comporte l'exécution de l'arrêt de la CJUE. Prévu par l'article 265 TFUE, le recours en carence permet aux États membres et aux institutions de l'Union de saisir la CJUE dans le cas où l'une de ces institutions s'abstiendrait de statuer en violation des traités.

70. En janvier 2011, la Commission a envoyé un avis motivé au gouvernement suédois quant à une violation de l'article 12 de la directive, la chasse sous licence ne respectant pas, selon

---

[157] À propos de l'utilisation de l'article 258 par la Commission à l'égard de la Suède, v. *infra*, §72 et 84.

[158] En premier lieu CJCE, 14 juin 2007, *Commission c. Finlande*, aff. C-342/05 et en second lieu CJUE, 10 octobre 2019, *Tapiola*, aff. C-674/17. Ces deux arrêts ont joué un rôle important en relevant le niveau d'exigence attendu pour pouvoir déroger à l'article 12 sur le fondement de l'article 16 de la directive Habitats.

elle, les critères de dérogation de l'article 16[159]. Dans une réponse adressée à la Commission deux mois plus tard, le gouvernement a accepté de changer sa politique en matière de chasse de loups et de ne pas accorder de nouveau permis de chasse sous licence en 2012[160]. Cette intervention, et ses discussions avec le gouvernement suédois, témoignent alors de l'intérêt que peut avoir le recours en manquement, même lorsque cela ne conduit pas à une saisine contentieuse de la Cour de justice. Nonobstant, de nombreuses chasses au loup ont eu lieu depuis 2012. Les populations de loups ont alors diminué de 415 individus en 2014 à 300 en 2018 sans que la Commission ne saisisse la CJUE (voir annexe 1, tableau 3).

71. Plus négativement, cet exemple démontre que l'efficacité de l'article 258 TFUE dépend de la volonté politique de la Commission d'ouvrir une procédure à l'encontre d'un État membre. On peut illustrer ce propos par deux éléments qui pourraient permettre à la Commission d'utiliser l'article 258 TFUE à l'égard de l'Espagne. En premier lieu, le nombre de loups dont la chasse est autorisée au nord du fleuve Duero est élevé, quand bien même l'espèce y est classée en annexe V. En second lieu, l'Espagne n'adopte pas suffisamment de mesures positives pour permettre le retour du loup au sud du fleuve Duero, où le loup est classé en annexe IV et est éteint dans plusieurs communautés autonomes. C'est le cas de l'Andalousie où la population de loups est éteinte[161]. En définitive, l'article 258 n'est efficace que si la Commission le mobilise, puisqu'il

---

159 V. Gabriel MICHANEK, « Stricly Protected European Wolf Meets Swedish Hunter with License to Kill », *in* Pro Natura: Festskrift till Hans Christian Bugge / [ed] Inge Lorange Backer, Ole Kristian Fauchald, Christina Voigt, Oslo: Universitetsforlaget, 2012, p. 323-345.

160 V. au sujet de cette utilisation de l'article 258 TFUE par la Commission à l'égard de la Suède Jan DARPÖ, « Brussels Advocates Swedish Grey Wolves », *Swedish Institute for European Policy Studies*, 2011 :8, 2011, disponible sur http://jandarpo.se/wp-content/uploads/2017/07/2011_8epa_2.pdf, consulté le 28 juin 2021.

161 José Vicente LÓPEZ-BAO, Floor M. FLEURKE, Guillaume CHAPRON, Arie TROUWBORST, « Legal obligations regarding populations on the verge of extinction in Europe: Conservation, Restoration, Recolonization, Reintroduction ». *Biological Conservation*, novembre 2018, vol. 227, p. 319-325.

s'agit d'une compétence discrétionnaire. Son initiative tient certes de l'existence d'une situation de manquement d'un État membre, mais elle tient aussi de considérations politiques propres à la Commission et de l'intérêt qu'elle porte au contentieux[162]. Le recours en manquement manque dès lors de prévisibilité.

SECTION 2. LA COMPARAISON ENTRE ÉTAT MEMBRE ET ÉTAT NON-MEMBRE COMME PREUVE DE L'EFFICACITE DE L'ORDRE JURIDIQUE EUROPEEN

72. Il est possible de comparer la population de loup gris[163] d'un État membre avec celle d'un État qui n'est pas membre de l'Union européenne, à la condition, pour que la comparaison soit rigoureuse, que les conditions écologiques des deux pays soient similaires ; afin d'isoler l'effet du droit européen de l'environnement.

73. Par une telle comparaison, l'importance des facteurs extra-juridiques est diminuée car ils sont approximativement les mêmes. Ce faisant, la contribution des facteurs juridiques en particulier est mise en valeur. Il est ainsi possible de comparer la Suède et la Norvège. Les facteurs écologiques sont similaires, les deux royaumes scandinaves appartenant à la même région bio-géographique (soit la région boréale, selon la classification de la directive Habitats). Juridiquement, si la Norvège a ratifié la Convention de Berne, elle n'est pas membre de l'Union

---

[162] Dans un second article ultérieur au premier, le Pr. Jan DARPÖ s'interroge sur l'efficacité de l'article 258 au regard de l'expérience suédoise. S'il partage notre analyse sur l'intérêt de cet article et sur le caractère politique de cette prise d'initiative par la Commission, il souligne par ailleurs que c'est une procédure qui manque de transparence dans la mesure où la communication entre la Commission et les États membres exclut de fait la participation du public. En outre, le gouvernement suédois refuse de communiquer au public les documents demandés à ce propos. V. Jan DARPÖ, « The Commission: A Sheep in Wolf's Clothing? », *Journal for European Environmental & Planning Law*, décembre 2016, vol. 13, n° 3-4, p. 270-293.

[163] Une telle comparaison est également possible pour les populations d'oiseaux (v. Julien BÉTAILLE, « La directive oiseaux quarante ans après : des résultats encourageants et des espoirs à concrétiser », *op. cit.*, p. 311-312).

européenne. Selon l'Agence suédoise de protection de l'environnement[164], sur 480 loups scandinaves en 2021, 395 sont suédois et 85 sont norvégiens. Soulignons toutefois que ces statistiques comptabilisent également une part d'environ 50 individus transfrontaliers. Cette différence souligne ainsi le rôle qu'a eu le droit européen de l'environnement – lequel ne s'applique donc pas en Norvège.

74. Enfin, selon un arrêt du 26 mars 2021 de la Cour suprême norvégienne[165], il est possible pour le droit interne norvégien de minimiser les objectifs de conservation du loup gris s'ils entrent en contradiction avec l'intérêt général. Si la Norvège était un État membre, l'obligation de résultat des directives s'opposerait à une telle décision de jurisprudence. Le niveau de protection juridique dont dispose l'espèce est donc en deçà, en Norvège, de celui qui prévaut dans les États membres de l'Union. Cela se traduit par une population de loups gris norvégienne largement inférieure à la population suédoise. En tout état de cause, si la Norvège a ratifié la Convention de Berne, cette dernière n'a pas d'effet direct et ne dispose pas des facteurs d'applicabilité de la norme qui sont propres au système normatif européen, à l'instar de la directive Habitats.

---

[164] Disponible sur https://www.naturvardsverket.se/Sa-mar-miljon/Vaxter-och-djur/Rovdjur/Fakta-om-varg/ (en suédois), consulté le 28 juin 2021.

[165] Norges Høyesterett, 26 mars 2021, *Staten v/Klima- og miljødepartementet*, HR-2021-662-A, (sak nr. 20-055609SIV-HRET). Disponible sur https://www.domstol.no/globalassets/upload/hret/avgjorelser/2021/mars-2021/hr-2021-662-a.pdf (en norvégien), consulté le 28 juin 2021.

CONCLUSION DU CHAPITRE 1

75. Le principe de primauté, le principe d'effet direct et l'obligation de résultat des directives sont trois principes fondamentaux quant à la portée du droit de l'Union européenne. Combinés, ils assurent une applicabilité meilleure des dispositions européennes. Par ailleurs, le recours en manquement est un élément central de l'efficacité de l'ordre juridique européen. Cela doit toutefois être relativisé par le niveau de sa mobilisation par la Commission.

76. L'efficacité de l'ordre juridique de l'Union européenne peut être prouvée par une comparaison entre un État membre et un État non-membre de l'Union. Pour ce faire, il est toutefois nécessaire de sélectionner deux États qui partagent les mêmes conditions écologiques, pour que la comparaison soit pertinente. Il a dès lors été possible de comparer les populations norvégiennes et suédoises de loups, et de démontrer que grâce aux facteurs d'applicabilité précités de l'ordre juridique européen, la population suédoise est plus importante que la population norvégienne. Cette comparaison a en outre permis de mesurer et d'observer l'efficacité de la directive Habitats dans le temps.

CHAPITRE 2

L'établissement d'un régime juridique permettant la réalisation de l'objectif

77. L'établissement d'un régime juridique de la faune sauvage, applicable au loup, s'est fait à travers la directive Habitats (**Section 1**). Au demeurant, cette dernière et le système juridique européen disposent d'une plus-value pour la réalisation de l'objectif dans les trois États de notre étude (**Section 2**), en comparaison des États qui ne sont pas membres de l'Union européenne.

SECTION 1. L'EDICTION DE LA DIRECTIVE HABITATS

78. D'abord, la directive Habitats a créé un régime juridique original, plus équilibré que ce qui existait alors en France particulièrement (**§1**). Cette directive a par la suite été transposée dans le droit interne de chacun de ces États dans des conditions distinctes (**§2**).

§1. Un régime juridique de la faune sauvage équilibré

79. La question de l'équilibre du droit de l'environnement est liée au concept de développement durable, lequel a été énoncé par la Commission Brundtland en 1983[166]. Dans la

---

[166] Éric NAIM-GESBERT, *Droit général de l'environnement*, *op. cit.*, p. 149 et s.

Convention de Berne, on retrouve toutefois une conciliation entre plusieurs enjeux contradictoires à l'article 2, selon lequel la protection de la biodiversité doit tenir compte d'exigences économiques et récréationnelles. En France, le fondement moderne du droit de la biodiversité est la grande loi du 10 juillet 1976 relative à la protection de la nature, antérieure de trois ans à la Convention de Berne. La logique qu'elle instaure est celle d'une protection intégrale des espèces, en ce sens qu'elle ne prévoit pas de possibilité de déroger à ladite protection[167]. En Espagne, cette logique de protection intégrale de la biodiversité ne se retrouve pas dans la mesure où le régime institué par la loi de 1989 transpose la Convention de Berne, qui prévoyait un régime équilibré (annoncé à l'article 2), concrétisé par la possibilité de dérogation (article 9) à la protection des espèces (article 6).

80. Quant à la directive Habitats, le troisième alinéa de son préambule affirme qu'elle « *contribue à l'objectif général, d'un développement durable* ». En outre, elle prévoit également un régime de dérogation à la protection des espèces, lequel a été transposé dans les trois États. Il est fondé sur deux conditions de dérogation communes (l'absence d'une autre alternative satisfaisante et le maintien de l'espèce dans un état de conservation favorable). De plus, la décision de dérogation doit être fondée sur l'un des cinq motifs de dérogation énumérés par l'article 16 (soit un motif scientifique, écologique, agricole, des raisons impératives d'intérêt public majeur et la prise d'un nombre limité de spécimens[168]). La Convention de Berne et la directive Habitats (postérieure donc au rapport Brundtland) ont permis une évolution du droit français vers un droit de la biodiversité équilibré.

81. Selon Jehan de MALAFOSSE, la transition française d'un droit de la biodiversité fondé sur la protection, essentiellement composé de polices administratives spéciales, à un droit de la biodiversité correspondant à une démarche de gestion intégrée

---

[167] A l'exception, selon l'article 4 de la loi, des autorisations de capture ou de prélèvement à des fins scientifiques. V. Michel PRIEUR et al., *Droit de l'environnement*, *op. cit.*, p. 441.

[168] *Ibid.*, p. 442 et 443 (quant à la transposition de ces conditions de dérogation en droit français).

s'est effectuée par le biais de la loi du 2 février 1995[169]. Concernant le droit des espèces protégées et particulièrement du loup gris, l'équilibre se construit d'une part par la facilitation des dérogations à la protection intégrale[170] et d'autre part par une conciliation avec la protection des troupeaux des attaques de loups[171]. Or cet équilibre est précaire[172] et difficilement atteignable[173]. Si « *il ne suffit pas de protéger la nature et ses composantes pour la sauvegarder* »[174], la conciliation d'intérêts contradictoires a pour avantage de faciliter l'acceptabilité sociale de la poursuite de la réalisation de l'objectif. Son inconvénient est que la recherche de l'équilibre peut engendrer des régressions importantes qui *in fine* constitueront un obstacle à la réalisation dudit objectif[175]. L'efficacité de l'équilibre du

---

[169] Jehan de MALAFOSSE, « Res Nullius, Nonagesimo Anno », *in* Jehan de MALAFOSSE, *Mélanges, Entre nature et humanité*, LexisNexis, 2016, p. 497. Cet article a initialement été publié dans *No nogesimo anno* — Mélanges Jean Gaudemet, Paris, PUF, 1999 (p. 417-427).

[170] Selon le Pr. UNTERMAIER, le système instauré par la loi de 1976 est « *obsolète* » du fait de la multiplication des dérogations, « *en particulier* » à l'occasion de la loi n°2006-11 d'orientation agricole du 5 janvier 2006. V. Jean UNTERMAIER, « Biodiversité et droit de la biodiversité », *Rev. jur. env.*, 2008, vol. 33, n° 1, p. 27.

[171] Gaëlle AUDRAIN-DEMEY, « Le loup : de la protection des troupeaux à la régulation de l'espèce », *Rev. jur. env.*, 2016, vol. 41, n° 2, p. 234-252.

[172] Damien THIERRY, « Faune et Flore - D'un plan loup à l'autre : un équilibre précaire entre respect d'une espèce protégée et défense des troupeaux », *Environnement n°11*, novembre 2014, étude 15.

[173] Comme le remarque François OST, « *le milieu (juste ou injuste) est une réalité paradoxale : son centre est partout, sa circonférence nulle part. Autrement dit, s'il nous englobe totalement, il est aussi ce qui passe au cœur de chacun de nous.* » (François OST, *La nature hors la loi, L'écologie à l'épreuve du droit*, La Découverte, version numérique, 2003, p. 343.

[174] Jehan de MALAFOSSE, *op. cit.*, p. 497.

[175] Si les politiques de conservation des grands prédateurs sont un succès en Europe, le déclin général de la biodiversité conduit certains auteurs à proposer de revenir à un régime proche de celui qui a été institué par la loi de 1976. V. par exemple le point de vue de Simon JOLIVET, « Faune et flore : la protection dénaturée » *in* Chantal CANS, Olivier CIZEL (dir.), *Loi biodiversité, ce qui change en pratique*, Editions Législatives, 2017, p. 290 ainsi que Simon JOLIVET, « De la survie des espèces menacées d'extinction à la lutte contre le déclin des populations. Réflexions sur l'efficacité du statut d'espèce protégée à partir du cas de la faune sauvage », *Rev. jur. env.*, 2020, vol. 45, n° 2020/1, p. 101-121.

droit comme facteur de contribution à l'objectif est étroitement liée au juste milieu. Or, puisque difficilement atteignable, il est difficile de départager ses avantages de ses inconvénients et de mesurer s'il peut contribuer efficacement à la protection des espèces.

§2. Les conditions de transposition du régime juridique de la directive

82. Si les trois États ont des dispositions environnementales dans leurs textes constitutionnels respectifs, seule la Charte de l'environnement française porte sur la biodiversité, mais indirectement[176]. Ces dispositions ont un intérêt limité pour le contentieux administratif de la protection du loup gris, le juge ne se fondant pas sur elles dans ce type de contentieux. La transposition a donc été essentiellement législative et réglementaire.

83. En Espagne, la loi 4/1989 du 27 mars 1989 transpose la Convention de Berne. Un décret royal d'application n°1095/1989, du 8 septembre 1989 portant sur les espèces cynégétiques et leur réglementation classe toutefois le loup en annexe II, permettant aux communautés autonomes d'autoriser sa chasse, en violation de la Convention de Berne. La directive Habitats sera transposée par le décret royal 1997/1995 du 7 décembre 1995. Dans la mesure où la directive établit une

---

[176] En premier lieu, l'article 45§2 de la Constitution espagnole énonce que « *les personnes publiques veillent à l'utilisation rationnelle de toutes les ressources naturelles en vue de protéger et d'améliorer la qualité de la vie et de préserver et restaurer l'environnement, en s'appuyant sur l'indispensable solidarité collective* ». En deuxième lieu, la Charte de l'environnement française mentionne indirectement la biodiversité, en prévoyant à son article 2 que « *Toute personne a le devoir de prendre part à la préservation de l'environnement* » et à son article 3 que « *Toute personne doit, dans les conditions définies par la loi, prévenir les atteintes qu'elle est susceptible de porter à l'environnement ou, à défaut, en limiter les conséquences* ». En troisième et dernier lieu, la seule disposition environnementale de la Constitution suédoise est contenue dans la première partie sur la forme du gouvernement, dans laquelle l'article 2 al. 2 énonce que « *les institutions publiques favorisent un développement conduisant à un bon environnement pour les générations actuelles et futures.* »

distinction entre les loups situés au nord du fleuve Duero (annexe V) et ceux situés au sud (annexe IV)[177], cette distinction est reprise par le décret. En revanche, la loi 4/1989 a été censurée du fait d'un conflit de compétences entre l'État et les communautés autonomes[178]. Elle a donc été remplacée par la loi 42/2007 précitée[179], modifiée par la loi 33/2015 du 21 septembre 2015. L'article 57 de la loi transpose l'article 12[180] et l'article 61 transpose l'article 16 de la directive. La loi classe les loups situés au sud du Duero en annexe V « *espèces animales et végétales d'intérêt communautaire requérant une protection stricte* » qui correspond à l'annexe IV de la directive et les loups situés au nord en annexe VI « *espèces animales et végétales d'intérêt communautaire d'intérêt communautaire dont le prélèvement dans la nature et l'exploitation peuvent faire l'objet de mesures de gestion* » qui correspond à l'annexe V de la directive. La transposition législative a donc été achevée avec treize ans de retard.

84. Au niveau réglementaire, un décret royal d'application n°139/2011 a été pris le 4 février 2011, portant sur la liste des espèces sauvages sous régime de protection spéciale. Ce décret classe les loups situés au sud du fleuve, mais seulement ceux

---

[177] Cette distinction n'est pas opérée par la Convention de Berne. Les espèces listées en annexe V de la directive Habitats peuvent faire l'objet d'une exploitation, contrairement à celles de l'annexe IV, selon l'article 14 de la directive. Toutefois cette exploitation reste conditionnée au maintien de l'espèce dans un état de conservation favorable.

[178] V. Esther HAVA GARCIA, *Protección jurídica de la fauna y flora en España*, Trotta, coll. « Estructuras y procesos », 2000, p. 177.

[179] Loi 42/2007 du 13 décembre sur le patrimoine naturel et la biodiversité, consultable sur https://www.boe.es/buscar/act.php?id=BOE-A-2007-21490, consulté le 8 juillet 2021.

[180] L'article 56 porte quant à lui sur la liste des espèces de faune sauvage protégées, la « *Listado de Especies Silvestres en Régimen de Protección Especial* » (LESPE). Cet article a pour défaut de ne définir à la notion de « protection », ce qui peut résulter en une confusion des régimes juridiques institués par la directive Habitats (le régime juridique des espèces listées en annexe IV étant distinct du régime des espèces listées en annexe V). Dès lors, le recours au droit européen de l'environnement est nécessaire pour clarifier cette ambiguïté. V. Agustín GARCIA URETA, « Consideraciones sobre el régimen jurídico de la unión europea e internacional de aplicación al lobo (Canis lupus) y su traslación al derecho español », *Actualidad Jurídica Ambiental*, 2021, n° 111.

d'Andalousie, de Castille-La-Manche et d'Estrémadure. La liste a finalement été régularisée en juin 2019, étendant à l'ensemble des loups situés au sud du Duero la protection instituée par la directive, vingt-cinq ans après l'expiration du délai, le 10 juin 1994. La Commission européenne n'a pourtant jamais initié une procédure de recours en manquement à ce sujet[181].

85. La complexité de la transposition de la directive en droit espagnol ne s'arrête toutefois pas ici. Dans la mesure où c'est un État régional dans lequel les communautés autonomes sont compétentes pour la gestion de la protection de l'environnement en vertu du 1. 9° de l'article 148 de la Constitution, la directive a également été transposée dans le droit de chacune des communautés autonomes. Cette transposition au niveau régional est aussi partiellement incomplète, mais il serait particulièrement long de développer le cas particulier de chacune des communautés autonomes. L'association de protection de loup gris ASCEL a toutefois recensé les différentes réglementations existantes sur son site internet[182]. Il est présenté, en annexe 2 de cet ouvrage, un tableau récapitulatif fait à partir de ce recensement. On peut y constater, à titre d'exemple, que sur les 8 communautés autonomes situées au sud du Duero, seule l'Andalousie a classé le loup dans sa liste d'espèces protégées [183]. De même, certaines normes réglementaires communautaires prévoient des mesures positives intéressantes comme l'établissement de plans de réintroduction[184] ou de récupération des espèces cataloguées par ces décrets[185]. Mais ils n'ont jamais été édictés pour le loup gris.

86. En France, l'ancien article 211-1 du Code rural, créé par décret le 27 octobre 1989, a transposé la Convention de Berne. Cet article sera modifié par la loi du 2 février 1995 pour transposer la directive Habitats, soit moins d'un an après l'expiration du délai de transposition qui était le 10 juin 1994.

---

[181] V. *supra*, §73 à 74.

[182] Disponible (en espagnol) sur https://loboiberico.com/el-lobo/estatus-legal/, consulté le 31 mars 2021.

[183] Paradoxalement, puisque la population de loups de la Sierra Morena est éteinte.

[184] En Estrémadure depuis 2001 (décret 37/2001 du 6 mars 2001).

[185] En Castille-la-Manche depuis 1998 (Décret 33/1998 du 5 mars 1998).

Depuis l'ordonnance n°2000-914 du 18 septembre 2000 relative à la partie législative du Code de l'environnement, l'article 12 est désormais transposé par l'article L. 411-1 du Code de l'environnement. La transposition de l'article 16 a été plus lente, le gouvernement ayant retiré un amendement en ce sens en 1994 en raison de protestations de la part d'associations de protection de l'environnement[186]. Il a finalement été transposé au 4° du I. de l'article L. 411-2 du Code de l'environnement en 2006, par la loi n°2006-11 précitée, avec douze années de retard. Au niveau réglementaire, l'arrêté du 22 juillet 1993 a inscrit le premier le loup sur la liste des espèces protégées mais il a été annulé pour vice de forme[187]. Il a été remplacé par l'arrêté du 10 octobre 1996, lequel a été validé par le juge administratif[188] et enfin par un arrêté du 23 avril 2007 fixant la liste des mammifères terrestres protégés[189].

87. La Suède est entrée dans l'Union européenne le 1er janvier 1995, soit après l'expiration du délai de transposition de la directive. Les directives Habitats et Oiseaux ont été transposés par une ordonnance portant sur la protection des espèces en 2007 (2007:845)[190]. C'est l'article 4 de cette ordonnance qui transpose l'article 12 de la directive Habitats. Le loup gris est listé en annexe I de l'ordonnance[191]. Néanmoins, cette ordonnance ne s'applique pas pour le contentieux de la dérogation à la protection de l'espèce, puisque selon les articles 2 et 3 de la loi sur la chasse (1987:259), c'est

---

186 V. M. PRIEUR et al., *Droit de l'environnement*, *op. cit.*, p. 441.

187 CE, 31 juillet 1996, *Sté. nat. protection nature*, n°153299. V. *ibid.*, p. 453.

188 CE, 30 décembre 1998, *Chambre agriculture Alpes-Maritimes*, n°188159.

189 M. PRIEUR et al., *Droit de l'environnement*, *op. cit.*, p. 453.

190 Jonas EBBESSON, *Miljörätt*, 4 :e upplagan, iUSTUS, 2021, p. 162.

191 Avant cela, l'espèce a été « *placée sous protection* » en 1966, lorsqu'il « *restait probablement moins de dix individus en Scandinavie (Suède-Norvège)* » (v. Jan DARPÖ, « Gabriel och vargen – Om genomförandet av internationella och EU-rättsliga förpliktelser om artskydd i Sverige », *in* Miljörätten och den förhandlingsovilliga naturen : Vänbok till Gabriel Michanek, éd. Jan Darpö et al. (Iustus Förlag, 2019), p. 2). Selon la loi précédente de protection de la nature (1964:822), la protection était dirigée « *contre certains comportements, tels que le dérangement des animaux, la cueillette de certains œufs, la détérioration délibérée d'espèces ou de leurs sites de nidification* » (v. Gabriel MICHANEK, « Artskyddet, Politiken och juridiken », *in Bertil Bengtsson 90 år* (Stockholm: Jure, 2016), p. 386).

cette dernière qui est applicable pour la dérogation à la protection des mammifères et des oiseaux sauvages[192]. Pour les autres espèces, l'ordonnance de 2007 s'applique[193]. La directive Habitats est donc partiellement transposée par l'ordonnance sur la chasse (1987:905) qui forme la partie réglementaire du droit de la chasse. Cette ordonnance contient les dispositions qui transposent l'article 16 de la directive. L'article 23a porte sur les conditions générales de dérogation, l'article 23b sur la chasse de protection et l'article 23c sur la chasse sous licence.

SECTION 2. L'APPORT DU DROIT EUROPEEN DE L'ENVIRONNEMENT AUX ÉTATS MEMBRES

88. La directive Habitats a permis d'étendre le droit de la biodiversité des États, mais modérément, en ce sens que ce dernier avait déjà un certain niveau de protection du fait de la transposition de la convention de Berne qui avait été réalisée (**§1**). Mis à part cela, le droit européen présente un potentiel important de protection de la nature transfrontalière (**§2**).

§1. Un apport substantiel modéré au droit de la protection des espèces

89. Le droit de la protection des espèces a été substantiellement peu impacté par la directive Habitats. En France, la Convention de Berne et la directive Oiseaux étaient déjà transposés et par ailleurs la loi de 1976 France prévoyait

[192] Cette fragmentation des bases légales pour la protection de la biodiversité est critiquée par la doctrine suédoise en ce qu'une minorité de décisions sont prises sur le fondement du droit de la protection des espèces, la majorité étant prises sur les fondements du droit de la chasse et de la pêche. Néanmoins, ces deux derniers ne poursuivent pas, au contraire du Code de l'environnement, un objectif général de préservation de la biodiversité. Par conséquent, la contribution du Code de l'environnement est trop incertaine (v. Yaffa EPSTEIN, « Biodiversity Protection: An Environmental Issue? On Sweden's Implementation of EU Species Protection Laws in Environmental and Sectoral Legislation », *NELJ*, 2019, vol. 1, p. 82).

[193] *Ibid.*, p. 164.

une protection intégrale de la faune sauvage. Le loup ayant disparu du territoire français depuis les années 1930[194], il ne relevait pas d'un régime juridique particulier avant d'être protégé pour la première fois par l'arrêté précédemment cité du 22 juillet 1993. En Espagne, la Convention de Berne et la directive Oiseaux étaient déjà transposés également. Par ailleurs, avant ces deux transpositions, le droit interne espagnol avait déjà commencé à améliorer le régime juridique du loup. Comme en France, des politiques incitatives pour la chasse au loup ont contribué à l'éradication de l'espèce. Par un décret du 11 août 1953, le ministre de l'agriculture a créé des commissions provinciales d'extinction[195] (« *Juntas Provinciales de Extinción* ») qui ont conduit à ce qu'environ 2000 loups soient tués entre 1954 et 1961[196]. Cette politique d'éradication s'est arrêtée dans les années 1960. À partir de la loi 1/1970 du 4 avril 1970 sur la chasse, le loup a cessé d'être considéré comme une espèce nuisible en Espagne, mais comme une espèce cynégétique. Dès lors, le droit de la chasse s'est appliqué en lieu et place des politiques d'éradication précédentes : encadrement des méthodes de chasse (l'empoisonnement était auparavant utilisé), nécessité d'avoir une licence de chasse, sanction des personnes commettant un acte de chasse sans licence[197]. C'est à la suite de cette loi de 1970 que les populations de loups ont commencé à se rétablir en Espagne, pour des raisons multiples, y compris extra-juridiques[198]. Ces deux droits internes avaient

---

[194] Cette extinction fut le résultat d'une politique d'éradication de l'espèce, qui s'est réalisée à travers l'institution de primes de chasse (par exemple avec la loi du 3 août 1882 relative à la destruction des loups). Le détail chiffré des prises de loups ainsi que de l'histoire de cette politique de 1789 à 1928 est disponible (en français) sur « Histoires des loups », https://www.unicaen.fr/homme_et_loup/primeseradication.php#part4, consulté le 4 août 2021. Pour l'histoire de cette politique d'éradication, v. également Annie CHARLEZ, *Le droit de la chasse*, *op. cit.*, p. 241-249.

[195] Lidia GARCIA MARTIN, « Régimen jurídico para la protección del lobo ibérico », *Revista Aranzadi de derecho ambiental*, n°37, 2017, p. 262.

[196] *Ibid.*

[197] *Ibid.*, p. 263.

[198] Par exemple l'exode rural, une meilleure couverture forestière, une augmentation de la disponibilité de proies, l'arrêt des politiques de destruction de l'espèce ou au contraire l'institution de campagnes de sensibilisation de l'opinion en faveur de sa protection. V. *ibid.*, p. 263.

donc déjà un droit de protection de la faune sauvage similaire à celui que dispose la directive Habitats, et l'Espagne avait déjà amélioré le régime juridique du loup. Le cas de la Suède est différent, cette dernière n'ayant rejoint l'Union qu'en 1995. Ce faisant, l'ordonnance de 2007 a marqué un progrès par rapport à la précédente loi de 1964 dans le royaume nordique[199].

90. Un second apport de la directive est la mise en place de « zones spéciales de conservation » (ZSC) définies par l'article premier, l) de la directive Habitats comme des sites d'importance communautaire « *où sont appliquées les mesures de conservation nécessaires au maintien ou au rétablissement, dans un état de conservation favorable, des habitats naturels et/ou des populations des espèces pour lesquels le site est désigné* ». Selon l'article 3 de la directive, les ZSC forment un réseau écologique européen appelé « Natura 2000 » qui comprend également les zones de protection spéciale classées en vertu de la directive Oiseaux de 1979. Le régime juridique de ce réseau est disposé à l'article 6 de la directive. En outre, il est formé des types d'habitats naturels figurant en annexe I et des habitats des espèces figurant à l'annexe II de la directive. *Canis lupus* étant classé en annexe II de la directive, l'habitat de l'espèce nécessite donc la désignation de ZSC. Si la constitution d'un tel réseau est fondamentale pour la sauvegarde de la biodiversité, au même titre que les trames vertes et les régimes juridiques de protection des milieux naturels, ces instruments indirects de protection de la biodiversité ont un intérêt limité pour la conservation du loup gris. Ce dernier est une espèce qui dispose d'une adaptabilité importante, à la fois écologique et alimentaire[200]. Il n'a pas nécessairement besoin d'un habitat particulièrement bien conservé, ni d'une importante superficie pour survivre, à l'instar d'autres espèces[201]. La directive Habitats contribue donc à la réalisation de l'état de conservation favorable de la biodiversité à travers la constitution du réseau Natura 2000, mais son impact sur *Canis lupus* est limité.

---

[199] Le régime institué par la directive Habitats est plus protecteur que celui qu'instituait la loi de 1964 (v. Gabriel MICHANEK, « Artskyddet, Politiken och juridiken », *op. cit.*, p. 386).

[200] V. *infra*, §126 et §131 à 133.

[201] *Ibid.*

§2. Un intérêt pour la conservation de la nature transfrontalière

91. Un possible intérêt du droit européen de l'environnement (mais aussi du droit international) serait de permettre de saisir la réalité écologique d'une espèce, en ce sens qu'elle a ses propres frontières qui dépassent les frontières nationales. En d'autres termes, le droit européen peut permettre une certaine protection transfrontalière de la nature, et au demeurant en application du principe de subsidiarité [202]. Un exemple particulièrement pertinent est celui de la Suède et la Norvège, les deux royaumes scandinaves se partageant une population de loups transfrontaliers d'environ 50 individus. Au point 4.10.1 de son plan de gestion du loup[203], la Suède estime que « *la coopération avec la Norvège en matière de gestion de grands carnivores est intense* ». Un « *accord politique* » du 12 août 2011[204], portant sur le développement de la coopération sur les grands carnivores, entre la Suède, la Norvège et la Finlande, a pour objectif de renforcer la coopération entre les autorités de chacun de ces trois États et de charger lesdites autorités de « *développer conjointement le contenu et les lignes directrices communes pour la poursuite de la coopération sur les grands carnivores* ». Par ailleurs, une base de données partagée entre la Suède et la Norvège a été mise en ligne en 2012 [205]. En somme, la coopération transfrontalière entre les deux royaumes consiste

---

[202] Cette intégration au droit de la réalité environnementale passe par la consécration de concepts écologiques (par exemple l'écosystème, le réseau écologique, la continuité écologique), v. Adeline MEYNIER, « La notion de mouvement en droit de l'environnement », *Rev. jur. env.*, 2016, vol. 41, n° 3, p. 432.

[203] Disponible (en suédois) sur https://www.naturvardsverket.se/Om-Naturvardsverket/Publikationer/ISBN/8700/978-91-620-8758-6/, consulté le 29 juin 2021. Le plan portait initialement sur la période 2014-2019, il a été révisé en janvier 2016. Sa date d'échéance est reportée à la fin de l'année 2021.

[204] Agreement between the Ministry of Environment, Sweden, the Ministry of Environment, Norway, and the Ministry of Agriculture- and Forestry, Finland in developing collaboration on large carnivores – brown bear, wolf, lynx, and wolverine. 12 August 2011.

[205] V. https://www.rovbase.se (pour le loup gris, sélectionner « *varg* »).

surtout en une mutualisation de données et des projets de recherche communs, notamment des recensements.

92. Pourtant, la Norvège a à plusieurs reprises autorisé la destruction de loups transfrontaliers, sans « *apparemment* » consulter préalablement la Suède[206]. Le droit européen pourrait précisément, pour ce type de cas d'espèce[207], être propice au développement d'une coopération transfrontalière plus approfondie, par exemple en établissant des zonages écologiques transfrontaliers. Néanmoins, selon Simon JOLIVET, la directive Habitats ne prévoit pas la possibilité de désigner des sites Natura 2000 transfrontaliers, quand même bien il s'agit d'un écosystème transfrontalier cohérent et scientifiquement pertinent. Plus généralement elle est également silencieuse sur le sujet de la coopération transfrontalière, laissant le champ libre au droit international de l'environnement[208]. Il poursuit, dans la section suivante de sa thèse, en argumentant qu'à la suite de la directive Habitats, l'apport de directives ultérieures a revalorisé la dimension transfrontalière [209] avant que ne s'amorce sa revalorisation plus complète [210] . Toutefois, aujourd'hui, le potentiel du droit européen de l'environnement reste encore largement sous-exploité. Une révision audacieuse de la directive Habitats allant dans le sens d'une consécration d'un droit européen de conservation de la nature transfrontalière pourrait avoir un intérêt fondamental quant au potentiel de la directive pour réaliser l'objectif.

93. En ce sens, l'arrêt de la CJUE *Tapiola* (C-674/17), en date du 10 octobre 2019, précise dans son appréciation de l'article 16§1 sous e) que « *il s'oppose à l'adoption de décisions accordant des dérogations à l'interdiction de mise à mort intentionnelle du loup* [...] *les dérogations* [qui] *n'ont pas fait l'objet d'une évaluation de l'état de conservation des populations de l'espèce concernée ainsi que de l'impact que la*

---

[206] Simon JOLIVET, *La conservation de la nature transfrontalière*, thèse, droit, Limoges, 2014, p. 192.

[207] La Norvège n'étant pas membre de l'Union, cet exemple n'est utilisé qu'à titre illustratif.

[208] *Ibid.*, p. 234.

[209] *Ibid.*, p. 250-264.

[210] *Ibid.*, p. 264-277.

dérogation envisagée est susceptible d'avoir sur celui-ci, au niveau du territoire de cet État membre ou, le cas échéant, au niveau de la région biogéographique visée lorsque les frontières de cet État membre chevauchent plusieurs régions biogéographiques, ou encore, si l'aire de répartition naturelle de l'espèce l'exige et, dans la mesure du possible, sur le plan transfrontalier » (§80). Cet arrêt renforce donc l'évaluation de l'état de conservation de l'espèce sur le plan transfrontalier, au moment de la procédure de dérogation à la protection de l'espèce.

CONCLUSION DU CHAPITRE 2

94. La directive Habitats a institué un régime juridique de la faune sauvage qui répond au principe de conciliation voulu par le concept de développement durable. Elle a de ce fait, particulièrement en France, été actrice de la transition d'une logique de protection intégrale vers une logique différente de gestion de la biodiversité. Par ailleurs, sa transposition a été très longue et complexe en Espagne, ce qui est renforcé par le fait qu'il s'agisse d'un État régional. La transposition de la directive en France a quant à elle été également lente, mais moins qu'en Espagne. Par ailleurs, la Suède étant entrée dans l'Union après la période d'expiration de la directive, cette dernière ne pouvait que la transposer au-delà dudit délai. Mais ce régime juridique, qui a été transposé, a permis à *Canis lupus* d'être protégé en droit interne espagnol et français alors qu'il ne l'était pas avant 1992 ; et mieux protégé en Suède qu'il ne l'était auparavant par la loi de 1964 sur la protection de la nature.

95. La directive a eu un apport modéré au droit de la protection des espèces en Espagne et en France, dans la mesure où ces deux pays avaient déjà des textes similaires, du fait de la transposition de la convention de Berne, avant son adoption en 1992. Son apport a donc été plus important pour la Suède. Toutefois, le réseau Natura 2000 qu'elle consacre n'a que peu d'intérêt pour la conservation du loup gris, qui a une importante adaptabilité écologique et ce au même titre que les autres instruments de protection de la nature qui protègent indirectement la faune sauvage.

96. De surcroît, le droit européen de l'environnement pourrait avoir un intérêt important pour les États membres s'il permettait d'instaurer un cadre juridique de coopération transfrontalière mais tel n'est pas le cas de la directive Habitats. C'est par exemple une population transfrontalière d'une cinquantaine de loups, situés entre la Norvège et la Suède, qui pourrait bénéficier d'un tel cadre de coopération — si la Norvège était membre de l'Union.

CONCLUSION DU TITRE II

97. L'objectif d'état de conservation favorable a été inséré dans l'ordre juridique de l'Union européenne. Le système juridique européen est particulièrement efficace en raison de certains facteurs qui permettent de favoriser l'applicabilité des normes communautaires. En outre, l'existence de recours contentieux au niveau européen, et du juge national en tant que juge de droit commun, sont une garantie supplémentaire pour que ces normes soient appliquées avec efficacité.

98. C'est dans le cadre de cet ordre juridique particulièrement efficace qu'un régime juridique, conciliant la protection de la biodiversité avec d'autres intérêts antagonistes, a été institué par la directive Habitats en 1992 pour poursuivre la réalisation de l'état de conservation favorable de l'espèce. Ce dernier a été transposé dans le droit interne de chacun des trois États dans des conditions différentes et propres à chacun d'entre eux. Le loup gris a bénéficié de cette transposition dans chacun des trois pays et ce particulièrement en Espagne et en France où il n'était pas protégé avant 1992. D'un point de vue substantiel et par rapport au droit interne de chacun des États avant 1992, la directive a eu un apport important particulièrement en Suède. Quant au réseau Natura 2000 qu'elle consacre, il n'a eu, en tout état de cause, que peu d'intérêt pour le loup gris du fait de son importante adaptabilité écologique.

99. Toutefois, le droit européen pourrait contribuer davantage à la réalisation de l'état de conservation favorable de l'espèce s'il améliorait sa prise en compte de la dimension transfrontalière de la conservation de la faune sauvage, et de la biodiversité plus généralement.

CONCLUSION DE LA PARTIE I

100. L'objectif de conservation du loup gris a été inséré dans un système normatif qui, sous l'effet d'un ensemble de raisons juridiques, a permis le retour de l'espèce. En premier lieu, l'objectif a été juridicisé. Ce processus a débuté en droit international pour aboutir finalement en droit européen. Il a ainsi été consacré, par la directive Habitats en 1992, le concept d'état de conservation favorable, qui fait désormais guise d'objectif. Si le droit s'approprie le réel puis le juridicise peut sembler relever du pléonasme, la sophistication du concept d'état de conservation favorable permet au contraire de démontrer que cela n'est pas anodin. En effet, la traduction juridique de l'objectif n'est pas qu'une simple déclaration mais elle est déjà une contribution majeure à la réalisation dudit objectif de par les considérations scientifiques qu'elle intègre au droit ou encore par le fait de fixer une date à partir de laquelle il devra être réalisé. Ces deux éléments sont des caractéristiques sémantiques et normatives internes à l'objectif qui résultent du processus de traduction juridique de l'objectif. Néanmoins, en l'espèce, aucune échéance n'a été associée à la réalisation de l'objectif d'état de conservation favorable.

101. L'état de conservation favorable a par la suite été inséré dans l'ordre juridique européen en raison de l'efficacité de ce dernier. D'une part, cet ordre forme une articulation opportune entre l'ordre international et l'ordre national. En outre, il est efficace du fait de sa capacité à maximiser l'applicabilité des normes qu'il énonce. D'autre part, et dans le cadre de cet ordre juridique efficace, la directive Habitats a institué un régime juridique de protection de la faune sauvage en vue de la réalisation de l'objectif d'état de conservation favorable qu'elle consacre. Ce régime juridique a par la suite été transposé dans chacun des États de notre étude et a bénéficié à la protection du loup gris dans chacun des trois États. Il s'agit là du principal intérêt de la directive Habitats, qui n'a pour la suite eu un apport substantiel important au droit de la protection des espèces qu'en Suède seulement. Cet apport pourrait être encore plus important, si la directive Habitats était révisée en faveur d'une prise en considération plus importante de la conservation de la nature transfrontalière. Cela serait utile entre la Suède et la Finlande quant au problème de la consanguinité des loups suédois, les deux pays étant incapables d'établir ou de sécuriser des mouvements de loups entre eux.

DEUXIÈME PARTIE

Les facteurs possibles contribuant à la réalisation de l'objectif

102. Le système normatif de l'Union européenne a intégré l'objectif d'état de conservation favorable en le traduisant juridiquement et en créant un régime juridique pour le réaliser par le biais de la directive Habitats. Il s'agit de la contribution majeure du droit à la réalisation de l'objectif. Mais encore, il est possible d'identifier au sein de ce système normatif un facteur particulièrement important de contribution à la réalisation de l'objectif, soit la mobilisation de la norme juridique par ses destinataires.

103. Certains facteurs de nature extra-juridiques ont ainsi contribué à la réalisation de l'objectif (**Titre I**). En outre, la mobilisation de la norme par ses destinataires, en vue de la réalisation de l'objectif, est un facteur de contribution particulièrement important au sein de ce système normatif (**Titre II**).

TITRE I

Les facteurs extra-juridiques favorisant le développement de l'espèce

104. Notre objet de recherche n'est pas à ce stade de travailler sur les méthodes d'intégration de ces éléments extra-juridiques au sein d'une analyse juridique. Il s'agit d'un sujet complexe qui nécessiterait qu'un travail doctoral lui soit dédié. Ce premier titre n'a donc que l'ambition d'être le commencement d'un travail plus approfondi, à travers l'exemple du loup gris.

105. De prime abord, avant de procéder à l'étude de ces facteurs extra-juridiques, il convient de préciser qu'il est particulièrement difficile d'intégrer ces données dans une analyse juridique (**Chapitre 1**). En outre, parmi les facteurs extra-juridiques ayant contribués à la réalisation de l'objectif, les facteurs naturels ont, en particulier, favorisé le développement de l'espèce (**Chapitre 2**).

CHAPITRE 1

Les obstacles à l'étude juridique de facteurs extra-juridiques

106. Il est particulièrement complexe d'appréhender, avec une méthode interdisciplinaire, la pluralité des facteurs de contribution à la réalisation de l'objectif (**Section 1**). De plus, il est nécessaire d'étudier les difficultés épistémologiques que pose leur intégration dans le cadre d'une analyse juridique (**Section 2**).

SECTION 1. L'APPREHENSION COMPLEXE DE LA PLURALITE DES FACTEURS DE CONTRIBUTION

107. L'intégration, dans notre étude, de facteurs extra-juridiques de contribution à l'objectif est complexe. D'une part, la mesure de la contribution à la conservation de l'espèce de ces facteurs est difficile (**§1**). D'autre part, l'identification d'une relation de causalité entre un facteur de contribution et la croissance de l'espèce n'est pas aisée dès lors que l'on retient la contribution d'une pluralité de facteurs, le risque de confusion entre deux contributions étant alors trop important (**§2**).

§1. La mesure difficile de la contribution : illustration avec l'acceptabilité sociale de l'espèce

108. L'étude de la contribution de certains facteurs ne peut se faire que de manière qualitative dans le cadre de cette étude, dans la mesure où il est particulièrement complexe de quantifier la part de contribution d'un facteur donné (qu'il soit juridique ou extra-juridique) à la réalisation de l'objectif. Il est difficile de mesurer, par exemple, dans quelle mesure l'obligation de résultat des directives a contribué à réaliser l'objectif pour le loup. L'obligation de résultat a eu des effets juridiques comme l'obligation d'adopter des mesures positives, tel qu'un plan d'action pour la conservation de l'espèce[211]. En revanche, on ne peut pas mesurer par une approche quantitative combien de loups ont pu être sauvés en raison des effets de ce facteur de contribution juridique précis. Les méthodes quantitatives sont donc possibles pour certains facteurs (comme la mesure de l'efficacité du contentieux[212]), mais difficiles voire impossible pour d'autres. Il est également impossible de vérifier rétrospectivement, c'est-à-dire de prouver par une expérience de réfutation[213] qu'un facteur donné a véritablement exercé une influence sur la réalisation de l'objectif. L'exemple de l'étude de la contribution du facteur « acceptabilité sociale » de l'espèce est un exemple pertinent de la complexité de mesurer, même qualitativement, le rôle d'un facteur donné.

109. Une similarité partagée par l'ensemble des grands prédateurs est qu'ils sont sujets à de nombreuses controverses. Pouvons-nous réellement cohabiter avec eux ? Quelle est la population idéale souhaitable d'ours ou de loups ? Faut-il réguler les populations de grands prédateurs ? Rendent-ils un service écosystémique de par leur capacité à réguler les ongulés sauvages, ou sont-ils au contraire des espèces perturbatrices des activités pastorales de moyenne et haute montagne qui, quant à elles, seraient bénéfiques à l'environnement ? Ces différentes

---

211 V. *supra*, §70.

212 V. *infra*, §153 à 163.

213 Karl R. POPPER (traduction Philippe DEVAUX), *La logique de la découverte scientifique*, Payot, 2017.

controverses, s'accumulent et se confondent parfois[214]. Leur analyse permet de mesurer l'acceptabilité sociale de l'espèce. Cette mesure est un indicateur extra-juridique important de l'efficacité des politiques publiques de protection des grands carnivores[215]. En outre, elle peut varier sous l'effet de plusieurs facteurs sociologiques (l'importance de l'exode rural, l'existence de syndicats d'éleveurs, le poids politique des fédérations de chasseurs ou la culture politique d'un État donné). Un sentiment de déprise des zones rurales peut être observé, par exemple en France[216]. À ce sentiment, il s'ajoute les difficultés économiques de la filière ovine (particulièrement en Espagne et en France), laquelle résulte de la concurrence internationale à plus bas coût. Dans ce contexte, l'opposition entre urbain et rural ainsi qu'entre écologie et économie se retrouve poussée à son paroxysme[217]. D'une part, les urbains sont dénoncés comme étant déconnectés de la réalité en imposant aux milieux ruraux le retour du loup alors que la cohabitation avec ce dernier serait impossible, de surcroît dans un contexte d'incertitudes économiques. D'autre part, les éleveurs sont perçus par les écologistes ou les autorités publiques comme ne faisant pas assez d'efforts pour s'adapter au loup, en protégeant plus efficacement leurs troupeaux. Dès lors, les conflits sociaux liés au retour des grands prédateurs, pour lesquels le loup fait figure de cas d'espèce, ne sont que des

---

[214] Un rapport commandé en 2017 par le Secrétariat (français) d'État à la Biodiversité pour le ministère de l'Environnement, de l'Énergie et de la Mer énumère cinq controverses. V. Richard DUMEZ (coord.), Isabelle ARPIN, Alix HUBERT, Marine LEGRAND, Nicolas LESCUREUX, Vanessa MANCERON, Baptiste MORIZOT, Coralie MOUNET, *Expertise scientifique collective sur les aspects sociologiques, culturels et ethnologiques de la présence du loup en France,* Expertise pour le Ministère de l'Environnement, de l'Énergie et de la Mer, Muséum national d'Histoire naturelle, Paris, 2017, p. 49.

[215] Par exemple, début juillet 2021, les chasseurs et éleveurs de Haute-Savoie (France) ont quitté le comité loup du département pour manifester leur mécontentement à l'égard de l'administration. Un article de presse relatant ce fait résume les motivations dudit mécontentement, v. https://www.chassepassion.net/actualite-de-la-chasse/insolites/les-chasseurs-et-les-eleveurs-quittent-le-comite-loup-de-haute-savoie-jusqua-nouvel-ordre/, consulté le 8 juillet 2021.

[216] Richard DUMEZ et al., *op. cit.*, p. 40.

[217] *Ibid.*

épiphénomènes d'un phénomène plus général d'opposition entre les milieux urbains et ruraux[218].

110. Le discours tenu par les éleveurs et leurs syndicats[219] met régulièrement en avant une forme d'incompréhension de leurs difficultés par les autorités publiques. Ils estiment, en outre, qu'il est impossible de protéger efficacement un alpage du fait des reliefs escarpés en haute montagne, que la réunion des troupeaux en enclos la journée ne permet pas au bétail de s'alimenter correctement ou que la possibilité de subir des attaques de loups à toute heure de la journée ou de la nuit entraîne une fatigue physique et mentale importante. Son retour est vécu comme une menace de la possibilité de pratiquer d'une manière pérenne des activités d'élevage en moyenne et haute montagne, soit l'abandon d'une activité culturelle et traditionnelle ancienne. Cela amplifie l'idée que l'on peut tout perdre ou tout gagner, selon que le loup parvienne à s'installer ou non[220].

111. Cela étant, l'État et le juge administratif ont un rôle d'arbitre. L'acceptabilité sociale du risque doit être définie démocratiquement, sinon un risque donné (les grands prédateurs dans notre étude de cas, mais cela pourrait aussi être le recours à l'énergie nucléaire par exemple) ne pourrait être toléré. Juridiquement, cela renvoie à l'institutionnalisation d'un dialogue démocratique et participatif par le droit à travers les principes législatifs, conventionnels (et en France, constitutionnels) d'information et de participation du public[221]. La mesure sociologique de l'acceptabilité sociale du loup permet de mesurer la contribution de ce facteur à l'efficacité des politiques publiques de conservation de l'espèce. Elle met en évidence la nécessité de définir démocratiquement les politiques

---

[218] *Ibid.*

[219] V. par exemple les nombreux témoignages publiés récemment par la Fédération Départementale des Syndicats d'Exploitants Agricoles (FDSEA) de l'Isère, disponibles (en français) sur https://www.youtube.com/channel/UCExTubC2pNg6RKh4IMX6K6w/videos, consulté le 8 juillet 2021.

[220] Richard DUMEZ et al., *op. cit.*, p. 40.

[221] Éric NAIM-GESBERT, « L'irrésistible ordre public écologique, Risque et État de droit », *in* Michel PRIEUR, *Pour un droit commun de l'environnement*, Dalloz, 2007, p. 1337-1341.

publiques[222]. Si ce débat démocratique doit, certes, d'une part porter sur les conditions de la gestion de l'espèce, il doit surtout porter, d'autre part, sur le devenir des territoires ruraux[223]. La contribution de l'acceptabilité sociale à la réalisation de l'objectif est donc variable, dans l'espace, dans le temps[224] ; mais aussi en fonction des procédés de délibération[225] de la norme entrepris, de leur sincérité, et de l'aptitude de la puissance publique à établir des compromis.

112. Cette opposition entre les milieux urbains et la ruralité peut paraître stéréotypée mais l'objet de notre recherche n'est pas de déterminer sa véracité. Que cette opposition soit réelle ou qu'elle soit le résultat de discours politiques ou syndicaux, son existence dans les discours publics suffit à abaisser le niveau d'acceptabilité sociale de l'espèce parmi la population et *in fine* à réduire la capacité du droit à contribuer à la conservation de l'espèce[226]. En outre, cet exemple démontre la complexité de la mesure de l'acceptabilité sociale, ce facteur étant le résultat de plusieurs autres facteurs extra-juridiques (les discours politiques et syndicaux et la situation économique des éleveurs par exemple).

§2. Le démêlement compliqué de relations causales enchevêtrées

113. Le principe de causalité peut être défini comme « *un principe explicatif du monde permettant d'en dérouler le fonctionnement sous le modèle d'un enchaînement de cause à effet* »[227]. Il convient de le distinguer de la corrélation, laquelle est une simple juxtaposition du deux éléments qui semblent *a priori* liés. À plus forte raison, il n'y a pas de causalités entre

---

[222] *Ibid.*, p. 1347.

[223] Richard DUMEZ et al., *op. cit.*, p. 52.

[224] En particulier en fonction de l'évolution des discours politiques et syndicaux au sujet de la conservation de l'espèce.

[225] V. à ce sujet le concept de démocratie délibérative théorisé par Jürgen HABERMAS.

[226] Par exemple, cela peut entraîner une certaine frilosité des pouvoirs publics.

[227] Alexandre VIALA, *Philosophie du droit*, Ellipses, Cours magistral, 2e éd., 2019, p. 206.

les ventes de glaces et les incendies de forêts ou entre les vagues de chaleur et les attaques de requins en été, mais de simples corrélations. Quant à notre objet de recherche, il peut également ne pas y avoir de relation de cause à effet entre un facteur de contribution à l'objectif et la croissance de l'espèce à un même moment. Le risque d'adopter de tels raisonnements spéculatifs et erronés est un écueil important de notre objet de recherche, ce qui est amplifié par l'existence d'une pluralité de sources de causalités, juridiques et extra-juridiques. En d'autres termes, sous l'effet de la pluralité importante de facteurs étudiés, le risque d'attribuer l'origine d'une relation de causalité à un facteur alors que c'est un autre qui a produit l'effet observé est important.

114. On peut illustrer ce propos d'un exemple lié à notre objet de recherche. Une corrélation peut être observée entre la croissance des populations de loups en Suède à partir de 1995 et l'entrée du pays dans l'Union européenne. Un juriste pourrait déduire de cette corrélation que l'entrée du royaume nordique dans l'Union, et donc des premiers effets de ce dernier dans le pays, a causé cette croissance soudaine de l'espèce. Toutefois, il n'y a pas de causalité entre les effets du droit de l'environnement de l'Union européenne dans le pays et cette hausse. Cette dernière est en réalité le résultat de l'arrivée de loups originaires de Finlande et génétiquement non-consanguins [228]. Le retour de l'espèce n'est donc pas la résultante d'une contribution juridique mais extra-juridique, *stricto sensu*. Le droit a toutefois eu un « effet cliquet » en sauvegardant les loups nouvellement arrivés. Par ailleurs, la directive Habitats a pu avoir un impact sur cette hausse soudaine en raison du renforcement des obligations de suivi des populations qu'implique l'article 17§1. Ce dernier prévoit que

[228] En 1983, deux loups originaires de Finlande ont traversé la frontière pour la première fois, ce qui a marqué le début du retour de l'espèce en Scandinavie. Par la suite, un loup également originaire de la population de loups russo-finlandaise a mis bas des louveteaux sur le territoire de la commune de Gillhov (dans le centre de la Suède) en 1991-1993. « *Hanen i reviret i Gillhov som fick valpar åren 1991-1993* », v. https://www.naturvardsverket.se/Sa-mar-miljon/Vaxter-och-djur/Rovdjur/Fakta-om-varg/, consulté le 9 août 2021.

les États membres doivent établir un rapport sur l'application des dispositions prises dans le cadre de la directive, notamment sur l'évaluation de ces mesures sur les espèces de l'annexe II (dont le loup gris). Il est donc également possible que la Suède ne recensât pas assez efficacement ses populations de loups gris avant 1995 et que cette hausse résulte également, en partie, d'un renforcement de ce suivi.

115. Cet exemple démontre que la prise en considération de l'ensemble des savoirs qui peuvent expliquer les dynamiques de populations permet d'avoir une vision globale des sources, lesquelles sont nécessairement plurielles, de causalités. En se limitant à une analyse purement juridique, nous serions arrivés à la conclusion erronée que le droit européen a eu un rôle fondamental en Suède dès l'entrée du pays dans l'Union européenne en 1995. L'intégration de facteurs extra-juridiques a donc pour intérêt d'éviter cet écueil mais il demeure complexe de départager les différentes relations de cause à effet en présence. Cela étant, il convient d'être précautionneux en retenant seulement qu'il est possible que les facteurs que nous relevons dans cet ouvrage aient contribué à l'objectif, sans essayer de leur attribuer le mérite d'un effet précis à un moment donné sur les populations de l'espèce.

SECTION 2. LES DIFFICULTES EPISTEMOLOGIQUES DE L'INTEGRATION DES FACTEURS EXTRA-JURIDIQUES

116. Il existe plusieurs difficultés pour appréhender rigoureusement ces données extra-juridiques. Dans la mesure où ces données ne relèvent pas du droit, il se pose la question de leur intérêt pour la science juridique (**§1**). En outre, le degré d'interdisciplinarité d'une telle approche peut varier en fonction de la méthode retenue (**§2**).

§1. L'intérêt de la considération de facteurs extra-juridiques pour la connaissance du droit

117. Les disciplines scientifiques ou les sciences humaines et sociales autres que le droit (l'économie, l'histoire, la sociologie, la philosophie) peuvent se donner pour objet le droit. Toutefois, comme le remarque Éric MILLARD, « [*ces savoirs externes*] *expliquent le droit par des causes externes. Ils s'attachent à des effets externes du droit.* »[229]. Au contraire, la science du droit s'attache à une connaissance interne du droit, elle se donne pour objet l'étude du droit en tant que droit et non l'observation de ses effets sur la société ou sur le monde naturel. C'est en raison de cela qu'il est pertinent de s'interroger sur l'intérêt de ces savoirs externes au droit pour une analyse juridique — ces savoirs étant exclus du champ de la science du droit par une importante partie de la théorie du droit, depuis Hans KELSEN au moins[230]. Sans remettre en cause cette ontologie positiviste du droit, nous considérons toutefois que l'intégration de ces savoirs externes — en tant qu'ils expliquent le droit — dans une analyse juridique pourrait avoir un intérêt pour un objet de recherche tel que le nôtre. C'est ainsi que les savoirs externes que nous intégrons à notre analyse restent considérés comme des savoirs extra-juridiques, dont le ressort n'est pas celui de la science du droit. Mais en tant qu'ils expliquent et contextualisent le droit, ils permettent de mieux comprendre la part de ce dernier dans la contribution à la réalisation de l'objectif d'état de conservation favorable de *Canis lupus*.

118. L'intérêt principal de l'intégration des données extra-juridiques dans une analyse juridique est d'isoler le rôle particulier que les facteurs juridiques ont pu avoir avec plus de précision que si nous les étudions seuls. Cette intégration de

---

229 Éric MILLARD, *Théorie générale du droit*, Dalloz, coll. « Connaissances du droit », 2006, p. 57.

230 « *Pourquoi se dénomme-t-elle elle-même une théorie « pure » du droit ? C'est pour marquer qu'elle souhaiterait simplement assurer une connaissance du droit, du seul droit, en excluant de cette connaissance tout ce qui ne se rattache pas à l'exacte notion de cet objet. En d'autres termes, elle voudrait débarrasser la science du droit tous les éléments qui lui sont étrangers. Tel est son principe méthodologique fondamental* » (Hans KELSEN (traduction Charles EISENMANN), *Théorie pure du droit*, LGDJ Bruylant, coll. « La pensée juridique », 1999, p. 9). Pour une synthèse de la délimitation du champ de la science juridique par l'ontologie positiviste du droit, v. Véronique CHAMPEIL-DESPLATS, *Méthodologies du droit et des sciences du droit*, *op. cit.*, p. 117-120.

données extra-juridiques n'affaiblit pas la part de la contribution des facteurs juridiques, car en tout état de cause, elle demeure la même. Mais en prenant en considération le contexte factuel dans lequel le droit intervient et évolue, il est possible de dévoiler le degré d'influence des facteurs juridiques avec plus de précision et de clarté. Si considérer le droit seul permettrait d'étudier sa contribution, cela ne serait qu'une mesure théorique puisque nous ne pourrions pas déterminer précisément quel a été le degré d'influence de ladite contribution au regard d'autres formes de contributions. En définitive, nous souhaitons réaliser une étude juridique, mais en enrichissant cette dernière de données extra-juridiques qui portent sur le même objet d'étude.

119. En ignorant les facteurs extra-juridiques, nous aurions un raisonnement spéculatif par lequel nous attribuerions au droit seul le mérite de la réalisation de l'objectif de conservation du loup gris que nous étudions. Au contraire, il pourrait être déduit d'une comparaison entre deux objectifs juridiques A et B que si l'objectif A a été atteint, au contraire de l'objectif B, c'est en raison d'une moins bonne efficacité du droit à réaliser l'objectif B. Un tel raisonnement serait également spéculatif et infondé. Par exemple, une étude comparée des politiques publiques de conservation de l'ours brun et du loup gris en France permettrait de voir que le loup a eu un développement plus important que l'ours. Le loup a effectué son retour sur le territoire en 1992 et on estime qu'il n'y avait plus que cinq ours bruns dans les Pyrénées en 1995[231]. Les deux espèces sont donc effectivement parties de niveaux démographiques presque semblables. Toutefois on comptait, en 2021, approximativement 60 ours[232] contre 600 loups en France[233], soit dix fois plus de loups. Un juriste pourrait déduire, à la vue de ces données et avec une analyse juridique « pure », que le droit a été moins efficace pour

---

[231] V. https://www.ferus.fr/ours/l-ours-conservation-et-presence-en-france, consulté le 3 juillet 2021.

[232] Plus précisément, 64 ours ont été recensés en 2020. V. https://www.lemonde.fr/planete/article/2021/04/01/le-nombre-d-ours-dans-les-pyrenees-a-augmente-en-2020_6075268_3244.html, consulté le 3 juillet 2021.

[233] L'évolution de la dynamique des populations du loup gris en France est présentée en annexe 1, tableau 2.

protéger l'ours qu'il ne l'a été pour le loup. Néanmoins, l'étude de la biologie et de l'écologie de ces espèces permet d'expliquer cette différence. D'une part, le loup a un potentiel reproducteur supérieur à l'ours[234]. D'autre part, il est moins sujet au dérangement et dispose d'une capacité de dispersion naturelle qui ne rend pas nécessaire la réalisation de réintroductions de l'espèce, contrairement à l'ours. Mais il convient d'aborder une difficulté méthodologique importante relative à l'intégration de ces facteurs naturels dans notre analyse.

§2. Un degré d'interdisciplinarité variant selon la méthode retenue

120. L'écologie scientifique « *a imprégné le droit de l'environnement* »[235] et il s'agit d'une caractéristique importante de ce dernier. De plus et par ailleurs, comme toutes les branches du droit, le droit de l'environnement évolue dans un contexte social et il est dès lors irrigué par des considérations économiques, sociologiques ou historiques. Dès lors, une étude interdisciplinaire du droit de l'environnement pose une difficulté méthodologique relative à l'intégration de disciplines extra-juridiques dans le champ d'une analyse juridique. À ce propos, les méthodes dites éclectiques et syncrétiques peuvent être distinguées. Elles correspondent à deux degrés différents d'interdisciplinarité. En premier lieu, selon la Pr. CHAMPEIL-DESPLATS, la notion d'éclectisme « *renvoie à la perspective d'ajouts, d'empilements, d'additions successives de savoirs ou de méthodes multiples* »[236]. En second lieu, le syncrétisme méthodologique renvoie quant à lui à un degré supérieur d'intégration de savoirs externes au droit puisqu'il « *comporte un engagement supplémentaire de conciliation et d'articulation* »[237]. La méthode syncrétique fait alors le pari d'une similitude épistémologique et méthodologique de

---

[234] V. *infra*, §130.

[235] Raphaël ROMI, *Droit de l'environnement et du développement durable*, 10e éd., LGDJ, 2018, p. 24.

[236] Véronique CHAMPEIL-DESPLATS, *Méthodologies du droit et des sciences du droit*, *op. cit.*, p. 353.

[237] *Ibid.*, p. 353.

sciences distinctes qui se donnent un même objet. Au contraire, la méthode éclectique reconnaît les différences entre les disciplines et se montre plus prudente méthodologiquement.

121. Ainsi, dans la mesure où nous ne remettons pas en question la distinction faite par le Pr. MILLARD entre les savoirs externes du droit et les savoirs internes du droit qui constituent l'objet de la science juridique, notre méthode peut être qualifiée d'éclectique. Une telle méthodologie, en ce qu'elle permet une approche interdisciplinaire plus rigoureuse et prudente que la méthode syncrétique, permet en partie de répondre aux critiques adressées aux méthodologies interdisciplinaires, selon lesquelles elles engendrent une « *confusion des genres et de la pensée* »[238]. La méthode éclectique ne mélange pas les savoirs externes et internes du droit. Le risque d'une telle confusion serait de dissoudre l'autonomie scientifique de la science juridique, en lui faisant perdre sa spécificité par rapport aux autres sciences sociales, c'est-à-dire qu'elle est la seule se donnant pour objet l'étude des normes juridiques en tant que normes juridiques. En revanche, la méthode éclectique juxtapose les savoirs externes du droit aux savoirs juridiques dans l'objectif d'atteindre « *une connaissance en profondeur du droit qui s'intéresse aussi bien à la partie visible du système juridique* [...] *qu'à la partie invisible ou, en tout cas, plus difficilement perceptible* [...] »[239].

---

[238] *Ibid.*, p. 354.

[239] Marie-Claire PONTHOREAU, telle que citée par Véronique CHAMPEIL-DESPLATS, *ibid.*, p. 353.

CONCLUSION DU CHAPITRE 1

122. Un premier enseignement de ce chapitre est qu'il existe de nombreux savoirs externes au droit qui expliquent, eux aussi, la réalisation de l'objectif d'état de conservation favorable du loup gris. Pour des raisons méthodologiques, nous retenons particulièrement les facteurs sociologiques, c'est-à-dire principalement l'acceptabilité sociale de l'espèce et les facteurs naturels, soit la biologie et l'écologie de l'espèce. L'étude de l'acceptabilité sociale est une illustration adéquate de la difficulté de mesurer un facteur de contribution, au demeurant, qu'il soit juridique ou extra-juridique. Toutefois, l'intégration de facteurs extra-juridiques implique alors de devoir départager la part de la contribution du droit de la part des contributions qui ne relèvent pas du droit. Ce qui s'avère être complexe d'un point de vue méthodologique. En effet, cette intégration présente un écueil trop important, qui est le risque d'une confusion entre de simples corrélations et des relations de cause à effet.

123. Le second enseignement de ce chapitre est que l'intégration de savoirs externes à une analyse juridique présente deux intérêts. En premier lieu, cela permet d'isoler la part de contribution du droit à la réalisation de l'objectif. En second lieu, cela évite le fait d'avoir des raisonnements spéculatifs et infondés pour expliquer le droit. Avant de procéder à une étude plus approfondie des facteurs naturels de contribution à l'objectif, il a d'abord été nécessaire de clarifier les obstacles méthodologiques à une telle étude. À ce propos, nous avons repris la délimitation théorique entre le savoir externe du droit et le savoir interne du droit qui est propre à la science juridique. Notre méthode, qualifiable d'éclectique, ne fait que juxtaposer des savoirs externes au savoir interne du droit, afin de le contextualiser et l'expliquer. Au contraire, une méthode syncrétique, dans laquelle le degré d'interdisciplinarité serait plus important, risquerait de causer une confusion des disciplines, des méthodes et des savoirs.

CHAPITRE 2

Les facteurs naturels de contribution à l'objectif

124. Il est possible de distinguer deux types de facteurs, dont la contribution à la réalisation de l'objectif est particulièrement importante, au sein de la catégorie des facteurs de contribution naturels à la réalisation de l'objectif. On abordera alors les facteurs écologiques (**Section 1**) et, par la suite, les facteurs biologiques propres à l'espèce (**Section 2**).

SECTION 1. LES FACTEURS ECOLOGIQUES

125. Le loup est une espèce qui, en comparaison de l'ours brun par exemple, dispose d'une adaptabilité écologique particulièrement élevée. Non seulement il est peu sujet au dérangement (**§1**), mais encore il se disperse naturellement sur le territoire (**§2**). Cela a pour conséquence essentielle, en politique de conservation, de ne pas rendre nécessaire l'adoption de mesures de réintroduction de l'espèce.

§1. L'adaptabilité écologique et le faible sujet au dérangement de l'espèce

126. Le loup est une espèce qui est capable de s'adapter à des habitats écologiques différents. Si elle est associée aux habitats forestiers, on la retrouve de la « *toundra au désert* »[240]. En effet, les trois pays étudiés appartiennent à trois régions distinctes écologiquement : la région alpine, la région boréale et la péninsule ibérique. Il faut à cela ajouter qu'une comparaison de la capacité des quatre grands carnivores européens (ours brun, lynx, loup gris, glouton) à s'adapter à des territoires densément peuplés par l'homme révèle que le loup s'y adapte le mieux[241]. Le loup est capable de s'adapter à des aires densément peuplées par l'homme, comme des aires périurbaines[242]. Par conséquent, il est moins dépendant de la protection des habitats, quelles qu'elles soient (parc national, réserve naturelle, trames vertes …), que les autres espèces. L'ours, à titre illustratif, est particulièrement sensible aux dérangements causés par l'homme. L'adaptabilité de *Canis lupus* a deux conséquences quant à notre objet de recherche. D'une part, elle est un facteur écologique de contribution à la conservation de l'espèce, et d'autre part, elle diminue la nécessité écologique d'une protection juridique des habitats naturels pour la conservation du loup gris. Le loup est en revanche sensible au dérangement de ses sites reproducteurs par les éoliennes. Ces dernières induisent une réduction de la fidélité des loups aux sites de reproduction[243] ainsi qu'une réduction des taux de réduction, ce

---

[240] François MOUTOU, « Le loup, Biologie, écologie, éthologie, aspects sanitaires », *RSDA*, 1/2014, p. 222.

[241] Selon une étude publiée dans *Science* en 2014, « [les] *chiffres suggèrent que les grands carnivores sont sensibles à l'homme en fonction de leur espèce, les loups réussissant le mieux à s'adapter aux paysages dominés par l'homme.* » (traduction faite par l'auteur). V. Guillaume CHAPRON et al., « Recovery of large carnivores in Europe's modern human-dominated landscapes », *Science*, décembre 2014, vol. 346, n° 6216, p. 1518 (« *These figures suggest species-specific sensitivities of large carnivores to humans, with wolves being most successful in adapting to human-dominated landscapes* »).

[242] Interrogé sur l'étude précitée par la presse, Guillaume CHAPRON a indiqué que plusieurs cas de loups vivants dans des aires périurbaines ont été recensés, v. https://www.theguardian.com/environment/2014/dec/18/brown-bears-wolves-and-lynx-numbers-rising-in-europe, consulté le 5 juillet 2021.

[243] En d'autres termes, ils quittent leurs tanières pour aller s'établir sur un autre territoire.

qui peut impliquer une diminution de la viabilité de la meute à court terme[244].

§2. La dispersion naturelle de l'espèce

127. Un point commun au retour des grands carnivores en Europe est que « *la majeure partie* [de cette restauration] *a été naturelle* »[245]. Quant au loup gris, la capacité de dispersion naturelle de ce dernier lui a permis de recoloniser naturellement de nombreux territoires, à l'instar de la France et de la Suède[246]. Il n'avait toutefois jamais disparu du territoire espagnol, même à ses niveaux les plus bas aux alentours des années 1970. Le loup naît en meute, laquelle est établie sur un domaine[247] dont la superficie peut varier (elle est par exemple plus importante en Suède qu'en France). Par la suite, il se disperse en solitaire et il vit alors en dispersion[248]. Il peut dès lors parcourir jusqu'à plusieurs centaines de kilomètres[249] avant de s'établir en solitaire ou en couple sur un nouveau territoire. Enfin il formera une nouvelle meute. Les loups originaires de la frontière russo-

---

244 « *Results have shown that the main impact of wind farms on wolves is the induced reduction on breeding site fidelity and reproductive rates. These effects, particularly when breeding sites shift to more unsuitable areas, may imply decreasing survival and pack viability in the short term.* » (traduction faite par l'auteur), v. Gonçalo FERRÃO DA COSTA et al., « The Indirect Impacts of Wind Farms on Terrestrial Mammals: Insights from the Disturbance and Exclusion Effects on Wolves (Canis lupus) », *in* M. Mascarenhas *et al.* (éds.), *Biodiversity and Wind Farms in Portugal*, Cham, Springer International Publishing, 2018, p. 128.

245 « *Most of the recovery has been natural* » (traduction faite par l'auteur), v. Luigi BOITANI et John D. C. LINNELL, « Bringing Large Mammals Back: Large Carnivores in Europe », *in* H.M. Pereira et L.M. Navarro (éds.), *Rewilding European Landscapes*, Cham, Springer International Publishing, 2015, p. 69, disponible sur http://link.springer.com/10.1007/978-3-319-12039-3_4, consulté le 7 juin 2021.

246 *Ibid.*

247 Guillaume CHAPRON et al., *Expertise collective scientifique sur la viabilité et le devenir de la population de loups en France à long terme,* sous la coordination ONCFS-MNHN de : M. GUINOT-GHESTEM, P. HAFFNER, E. MARBOUTIN, G. ROUSSET, A. SAVOURET-SOUBELET, JP. SIBLET, L. TRUDELLE, 2017, p. 5.

248 *Ibid.*

249 François MOUTOU, *op. cit.*, p. 225.

finlandaise qui ont colonisé le centre de la Suède ont ainsi parcouru une distance de mille kilomètres[250]. De la même manière, entre la France et l'Italie, il a été démontré que certains individus se sont déplacés sur plusieurs centaines de kilomètres et parfois sur plus de mille kilomètres[251].

128. Cette capacité de dispersion, qui relève du cycle de vie normal de l'espèce, lui permet de coloniser naturellement de nouveaux territoires (ou plus précisément, dans la mesure où il était déjà historiquement présent sur ces derniers, il reconquiert son aire de répartition naturelle progressivement). Cela a pour conséquence de ne pas rendre opportun la nécessité de prendre des mesures positives pour permettre le retour de l'espèce[252] contrairement aux réintroductions de l'ours brun dans les Pyrénées françaises, par exemple[253]. Comme l'ours, le lynx ne se disperse pas autant. Disparu du territoire français au début du XXe siècle[254], son retour dans le Jura et les Alpes a été permis par la réintroduction d'une vingtaine d'individus dans la Suisse limitrophe[255]. Il a été réintroduit par la suite 21 individus dans les Vosges du sud à partir de 1983[256]. Si l'espèce reconquiert

---

[250] *Ibid.*

[251] *Ibid.*, p. 226.

[252] Une réintroduction aurait toutefois été nécessaire dans le sud de l'Andalousie, où le loup s'est progressivement éteint dans la Sierra Morena. V. José Vicente LÓPEZ-BAO, Floor M. FLEURKE, Guillaume CHAPRON, Arie TROUWBORST, « Legal obligations regarding populations on the verge of extinction in Europe: Conservation, Restoration, Recolonization, Reintroduction ». *Biological Conservation*, novembre 2018, vol. 227, p. 319-325.

[253] V. Julien BÉTAILLE, *Positive obligations to rescue small populations - A country study on the management of brown bear under the Habitats Directive in France*, Research report, Claws and Laws project, novembre 2017, 90 pages. novembre 2017, p. 46-77 ; Julien BÉTAILLE, « Droit de l'environnement, instrument de transformation : tentative d'approche dialectique », *in* Delphine MISONNE (dir.), *À quoi sert le droit de l'environnement ? Réalité et spécificité de son apport au droit et à la société*, Bruylant, 2019, p. 67-69 ainsi que Julien BÉTAILLE, « L'ours dans les Pyrénées : la carence fautive de l'Etat dans la mise en oeuvre de la directive Habitats », *AJDA*, 2018, p. 2344.

[254] Voir https://www.ferus.fr/lynx/le-lynx-conservation-et-presence-en-france, consulté le 21 juillet 2021.

[255] *Ibid.*

[256] *Ibid.*

depuis progressivement de nouveaux territoires desquels elle avait disparu (comme les Alpes françaises ou le Massif central), cette reconquête de son aire de répartition naturelle est beaucoup plus lente que celle du loup. En effet, le lynx ne parcourt pas des distances importantes, à la différence du loup, mais il se répand en diffusion. Par conséquent, il est également bien plus dépendant des trames vertes (ou « corridors écologiques ») pour se disperser sur le territoire, que le loup. Les obligations légales de préservation d'un habitat favorable ont donc un potentiel de contribution au rétablissement du loup dans état de conservation favorable moindre que pour le lynx et l'ours du fait des caractéristiques écologiques propres à chacune de ces deux espèces. Par ailleurs, si la réapparition du loup en France en 1992 coïncide avec l'adoption de la directive Habitats, il n'y a pas de relation de cause à effet entre ces deux éléments. C'est en raison d'une migration naturelle depuis l'Italie que le loup a effectué ladite réapparition.

SECTION 2. LES FACTEURS BIOLOGIQUES

129. De même que les facteurs écologiques, certaines caractéristiques de l'espèce contribuent à la réalisation de l'objectif. C'est ainsi que le loup gris dispose d'un potentiel reproducteur plus élevé que d'autres grands prédateurs tel que l'ours brun (**§1**). Mais encore, son opportunisme alimentaire facilite sa conservation (**§2**).

§1. Un potentiel reproducteur supérieur à d'autres espèces protégées

130. Les portées sont plus importantes pour le loup gris qu'elles ne le sont pour les autres grands carnivores. En effet, une portée compte entre 3 et 5 louveteaux, mais les portées extrêmes sont comprises entre 1 et 11 louveteaux[257]. En outre, les portées de loups ont lieu une fois par an[258]. Selon d'autres

[257] François MOUTOU, *op. cit.*, p. 227.
[258] *Ibid.*

sources, une portée normale compte 4 à 8 louveteaux[259]. À titre de comparaison, une ourse n'a de portée que tous les 2 à 3 ans et ne compte qu'entre 1 et 3 oursons[260]. De même, si la reproduction du lynx est annuelle, comme celle du loup, une portée de lynx ne compte que 2 ou 3 individus[261]. Le potentiel reproducteur du loup est alors statistiquement supérieur à celui de l'ours et du lynx. En raison de cela, son taux de croissance d'une année à une autre est également plus important[262]. Il s'agit d'un facteur naturel de contribution à la réalisation de l'état de conservation favorable de l'espèce important, qui est de surcroît entièrement indépendant des facteurs de contribution juridiques.

§2. L'opportunisme alimentaire de l'espèce

131. L'essentiel du régime alimentaire du loup gris est constitué d'ongulés sauvages, plus précisément à une hauteur d'environ 76%, contre 16% pour les espèces domestiques (en France)[263]. Dans la mesure où « [l']*Europe abrite à nouveau de grandes populations d'ongulés sauvages, qui peuvent entretenir de grandes populations de carnivores* »[264], et que les ongulés

---

259 V. https://www.ferus.fr/loup/le-loup-biologie-et-presence-en-france, consulté le 5 juillet 2021.

260 V. https://www.paysdelours.com/fr/ours/ursus-arctos/reproduction.html, consulté le 5 juillet 2021.

261 V. https://www.ferus.fr/lynx/le-lynx-biologie, consulté le 5 juillet 2021.

262 Le taux de croissance de l'espèce est composé du taux de reproduction et du taux de mortalité. Le taux de reproduction du loup étant supérieur à l'ours et au lynx, le potentiel reproducteur de l'espèce sera donc plus important à la condition que les taux de mortalité soient les mêmes. Ces derniers peuvent toutefois varier (sous l'effet de maladies ou d'une diminution du nombre de proies, par exemple).

263 Guillaume CHAPRON et al., *Expertise collective scientifique sur la viabilité et le devenir de la population de loups en France à long terme,* sous la coordination ONCFS-MNHN de : M. GUINOT-GHESTEM, P. HAFFNER, E. MARBOUTIN, G. ROUSSET, A. SAVOURET-SOUBELET, JP. SIBLET, L. TRUDELLE, 2017, p. 8.

264 « *For example, Europe again hosts large populations of wild ungulates, which can sustain large carnivore populations* » (traduction faite par l'auteur). V. Guillaume CHAPRON et al., « Recovery of large carnivores in Europe's modern human-dominated landscapes », *op. cit.*, p. 1518.

sauvages représentent la majeure partie du régime alimentaire de *Canis lupus ;* l'espèce dispose d'une abondance de proies suffisamment importante pour soutenir son développement envers son état de conservation favorable. Cette abondance de proies dans les forêts européennes est en partie le produit de plans de chasse et dans une autre mesure elle est le résultat de la protection des habitats naturels. Le loup est peu dépendant de cette protection mais elle lui est toutefois utile indirectement à travers ce facteur d'abondance des proies. L'exode rural et l'augmentation du couvert forestier en Europe exercent également une influence sur cette abondance des proies. Ce faisant, ces deux éléments contribuent indirectement à la réalisation de l'objectif.

132. Le régime alimentaire du loup gris en Europe varie peu, à la différence qu'en Europe du sud il se détourne des espèces domestiques si davantage d'ongulés sauvages lui sont accessibles [265]. En revanche, la diversité de proies varie conséquemment et c'est en ce sens que l'espèce peut être qualifiée d'opportuniste. Son régime alimentaire peut se constituer d'espèces domestiques, d'ongulés sauvages (qu'ils soient de taille petite, moyenne ou grande, comme un élan en Suède) ou encore de petits mammifères[266]. C'est en raison de cet opportunisme alimentaire que le loup gris a accès à suffisamment de proies quelle que soit la région biogéographique où il est établi. Cela constitue un autre facteur naturel de contribution à l'obtention de l'état de conservation favorable de l'espèce.

133. En définitive, le loup est une espèce opportuniste et dont le régime alimentaire est suffisamment varié pour qu'il soit en mesure de s'adapter à des milieux distincts. En revanche, plusieurs facteurs juridiques (le droit de l'environnement et l'encadrement juridique de la chasse) et extra-juridiques (l'exode rural et l'augmentation du couvert forestier en Europe) influencent la disponibilité de proies. Il s'agit donc d'un ensemble de facteurs de contribution, distincts et entremêlés, à

---

[265] Thomas M. NEWSOME et al., « Food habits of the world's grey wolves », *Mammal Review*, octobre 2016, vol. 46, n° 4, p. 2.
[266] *Ibid.*, p. 6.

la réalisation de l'objectif qui témoigne de la difficulté de mesurer la part de contribution individuelle d'un facteur particulier.

CONCLUSION DU CHAPITRE 2

134. L'étude de l'écologie et de la biologie du loup gris permet de découvrir plusieurs facteurs naturels de contribution à l'objectif d'état de conservation de l'espèce. En premier lieu, l'espèce est capable de s'adapter à une importante diversité de milieux écologiques. Des grands carnivores, il est celui qui s'adapte le mieux au dérangement d'origine humaine, à l'exception notable des éoliennes. Son cycle de vie le conduit à parcourir de longues distances. Ces deux facteurs combinés ont permis à l'espèce de reconquérir des territoires et ce naturellement. La conséquence en est que des mesures de réintroduction de l'espèce n'ont pas été nécessaires en France et en Suède. La réapparition, en 1992, de l'espèce en France et son retour, en 1995, en Suède s'expliquent par des migrations naturelles de l'espèce. Les facteurs juridiques n'ont eu une influence, un « effet cliquet » que par la suite en protégeant l'espèce.

135. À plus forte raison, *Canis lupus* a un taux de croissance annuel plus important que celui de l'ours et le lynx, si les taux de mortalité sont les mêmes, ce qui lui permet d'atteindre plus rapidement l'état de conservation favorable. En outre, il a un régime alimentaire très opportuniste, ce qui lui permet aussi de s'acclimater facilement à des milieux écologiques distincts au sein desquels le type de proies disponibles peut varier.

136. Certains facteurs naturels ne peuvent pas être mis en corrélation avec le droit car ils en sont indépendants. C'est le cas de la capacité de migration naturelle de l'espèce, qui a conduit à la réapparition de l'espèce en France en 1992 sans qu'il n'y ait de lien avec l'édiction de la directive Habitats. En revanche, certains facteurs extra-juridiques peuvent être interdépendants de facteurs juridiques. On peut illustrer ce propos par le fait que c'est en partie en raison de la protection conférée aux espaces naturels par le droit de l'environnement que le loup dispose d'une abondance de proies suffisamment importante pour soutenir son développement[267], quand bien même l'espèce a un régime alimentaire opportuniste.

[267] Le droit de l'environnement ne l'est qu'en partie, d'autres facteurs pouvant expliquer l'abondance des ongulés sauvages en Europe (l'exode rural, le retour du couvert forestier ou l'encadrement juridique de la chasse notamment). Ces facteurs contribuent donc indirectement à réaliser l'objectif en permettant au loup, et aux autres grands prédateurs, d'avoir suffisamment de proies pour soutenir le développement de leurs populations.

CONCLUSION DU TITRE I

137. L'intégration de l'étude de la contribution de facteurs extra-juridiques à une analyse juridique pose plusieurs difficultés épistémologiques. D'abord sur la nature des facteurs extra-juridiques qu'il convient de retenir. Afin de garder une rigueur scientifique, nous nous sommes limités à des facteurs sociologiques et naturels. Par la suite, sur l'intérêt même de cette intégration à une étude juridique, dans la mesure où ces facteurs extra-juridiques relèvent de savoirs externes au droit. À ce sujet, leur étude revêt un intérêt important pour un sujet comme le nôtre, dans la mesure où elle permet d'identifier avec plus de précision la part du droit dans la contribution à la réalisation de l'objectif.

138. Surtout, leur intégration dans le cadre d'une analyse juridique est difficile d'un point de vue méthodologique. Il n'est pas aisé de départager la part de contribution des facteurs juridiques de celle des facteurs extra-juridiques. Lorsque l'on essaie d'expliquer la dynamique démographique de l'espèce, à savoir de trouver un ou plusieurs liens de causalité entre un facteur A (juridique ou extra-juridique) et un résultat B (le développement de l'espèce), il peut être possible d'exclure des facteurs juridiques au profit de facteurs extra-juridiques ou réciproquement. En particulier, la réapparition de l'espèce en France et le retour de l'espèce en Suède, respectivement en 1992 et en 1995, correspondent à des migrations naturelles.

139. Mais il est aussi possible que plusieurs facteurs juridiques et extra-juridiques contribuent simultanément à réaliser l'objectif. Par exemple, le loup est une espèce opportuniste et dont le régime alimentaire est varié, ce qui favorise son développement. Certains facteurs juridiques (le droit de l'environnement, l'encadrement juridique de la chasse) et extra-juridiques (l'exode rural, le retour du couvert forestier en Europe) conduisent toutefois à ce qu'il y ait une disponibilité de proies suffisamment importante pour soutenir son développement. Partant, il est complexe de mesurer la part de contribution individuelle de chacun des facteurs, même qualitativement.

TITRE II

Les facteurs juridiques de mobilisation du système normatif

140. Au sein du système normatif dans lequel l'objectif a été inséré, il est possible d'identifier certains facteurs de contribution particuliers à la réalisation dudit objectif. Ainsi le contentieux a une part fondamentale dans la contribution du droit à la protection de l'espèce (**Chapitre I**). Toutefois plusieurs facteurs de mobilisation de la norme ne sont pas suffisamment exploités et pourraient l'être davantage (**Chapitre 2**).

CHAPITRE 1

L'intérêt fondamental du contentieux de la protection de l'espèce

141. Il est nécessaire d'aborder préalablement les facteurs qui permettent l'efficacité du contentieux (**Section 1**) avant d'évaluer son apport à la conservation de l'espèce et donc à la réalisation de l'objectif (**Section 2**).

SECTION 1. LES FACTEURS PERMETTANT L'EFFICACITE DU CONTENTIEUX

142. Si cela peut paraître tautologique, il n'en demeure qu'avoir accès à la justice est un facteur essentiel de l'efficacité du contentieux, surtout concernant les associations de protection de l'environnement (**§1**). En Europe, ce sont ces dernières qui sont considérées comme ayant un intérêt à agir au contentieux et peuvent ainsi représenter l'intérêt public environnemental devant le juge. En outre, concernant la contribution du droit à la réalisation d'un objectif, la méthode d'interprétation de la norme qui est la plus à même d'amplifier ladite contribution est celle de l'interprétation téléologique (**§2**).

§1. L'accès à la justice des associations de protection de l'environnement

143. L'accès à la justice, dans chacun des trois États étudiés, est fondé sur l'intérêt à agir. Une personne privée aura une possibilité de contester devant le juge une décision administrative qu'à la condition qu'elle ait un intérêt à agir. Partant, le droit continental distingue l'action privée de l'action publique, cette dernière étant un recours contentieux mené pour l'intérêt général et non pour l'intérêt privé d'une personne physique. Les associations de protection de l'environnement, peuvent soit être considérées comme ayant un intérêt à agir dans la mesure où leur objet statutaire prévoit la protection de l'environnement (c'est le cas de la France) sans pour autant que cela ne corresponde à une action populaire ; soit, parce qu'en tant qu'associations à but non lucratif, elles défendent l'intérêt général et peuvent exercer une action populaire (c'est le cas de l'Espagne). La conception de l'accès à la justice retenue dans le droit interne des États étudiés dépend alors de la culture juridique d'un État donné. En tout état de cause, le droit international (notamment la convention dite « d'Åarhus »[268]) et le droit européen de l'environnement[269] ont harmonisé et étendu les conditions d'un accès à la justice des associations de protection de l'environnement dans les trois États. L'accès à la justice de ces associations est un facteur fondamental de contribution du droit à la réalisation de l'objectif, car dès lors que les personnes physiques n'ont pas d'intérêt à agir contre une décision administrative dérogeant à la protection du loup gris, le contentieux ne peut être efficace que si des associations saisissent le juge[270].

---

[268] Convention du 25 juin 1998 sur l'accès à l'information, la participation du public au processus décisionnel et l'accès à la justice en matière d'environnement.

[269] Certaines directives sectorielles contiennent des dispositions liées à l'accès à la justice et de plus, la jurisprudence téléologique de la CJUE l'a étendue (notamment en Suède).

[270] Cette solution fait des associations des « gardiens » de l'environnement, sans pour autant faire d'elles des « tuteurs légaux » de la nature (laquelle n'a pas de personnalité juridique reconnue dans aucun des trois États étudiés, à l'exception de la Nouvelle-Calédonie française). La problématique des droits

144. En premier lieu, l'accès à la justice en Espagne est prévu par la loi 27/2006 du 18 juillet qui régule les droits de l'accès à l'information, de la participation du public et de l'accès à la justice en matière d'environnement [271] . Plus précisément, c'est le titre IV de cette loi qui a trait à l'accès à la justice. Selon l'article 23 1., les « *personnes morales à but non lucratif ont le droit d'intenter l'action collective* » si leur objet statutaire porte sur la protection de l'environnement ou de l'un de ses éléments (a), si elles sont légalement constituées depuis au moins deux ans et exercent activement les activités nécessaires à la réalisation des objectifs énoncés dans leurs statuts (b), et enfin si l'association exerce son activité dans la zone territoriale concernée par le recours (c).

145. En deuxième lieu, le Code de l'environnement français prévoit en son article L. 141-1 un agrément pour les associations de protection de l'environnement. Pour l'obtenir, une association doit selon l'article R. 141-2 du Code de l'environnement, et ce depuis au moins trois ans à compter de sa déclaration, justifier d'un objet statutaire dans le domaine de la protection de l'environnement ou de l'un de ses éléments particuliers (1°), d'un nombre suffisant de membres (2°), d'une activité non lucrative et d'une gestion désintéressée (3°), d'un fonctionnement conforme à ses statuts (4°) et de garanties de régularité en matière financière et comptable (5°). Selon le second alinéa de l'article L. 142-1, les associations agréées « *justifient d'un intérêt pour agir contre toute décision administrative ayant un rapport direct avec leur objet et leurs*

---

de la nature n'est pas notre sujet, mais l'analyse quantitative du contentieux associatif tel qu'il existe aujourd'hui montre qu'il est efficace en l'état du droit actuel (v. *infra*, §153 à 163). À ce sujet v. Julien BETAILLE, « Des droits pour la nature, un nouveau mirage juridique », *in* Mathieu TOUZEIL-DIVINA (dir.), *L'Arbre, l'Homme & le(s) droit(s)*, *Revue Méditerranéenne de Droit public*, Volume X, Editions L'Epitoge, 2019, p. 83-85 ainsi que Yaffa EPSTEIN, Hendrik SCHOUKENS, « A Positivist Approach to Rights of Nature in the European Union », *Journal of Human Rights and the Environment*, 12(2), septembre 2021 (à paraître).

[271] « *Ley 27/2006, de 18 de julio, por la que se regulan los derechos de acceso a la información, de participación pública y de acceso a la justicia en materia de medio ambiente* », BOE núm. 171, du 19/07/2006, réf. BOE-A-2006-13010.

activités statutaires et produisant des effets dommageables pour l'environnement sur tout ou partie du territoire pour lequel elles bénéficient de l'agrément dès lors que cette décision est intervenue après la date de leur agrément ». L'agrément facilite donc l'accès à la justice en présumant l'intérêt à agir de l'association agréée. Mais une association non-agréée peut également, selon le premier alinéa, « *engager des instances devant les juridictions administratives* », elle devra toutefois justifier de son intérêt à agir. L'on peut considérer que l'accès à la justice est satisfaisant, en France, 181 contentieux relatifs à la protection du loup gris ayant été initiés par des associations de protection de l'environnement entre 1997 et mars 2019[272].

146. En troisième et dernier lieu, l'accès à la justice en Suède est prévu à la partie 4, chapitre 16, sections 12 et 13 du Code de l'environnement. Concernant les associations de protection de l'environnement, les conditions de leur recevabilité sont prévues par la section 13. Elles doivent avoir pour objet statutaire principal les intérêts de la conservation de la nature ou de la protection de l'environnement (1), être à but non lucratif (2), exercer leurs activités en Suède depuis au moins trois ans (3) et compter au moins 100 membres ou démontrer d'une autre manière que ses activités bénéficient du soutien du public [273] (4). Cette dernière condition était auparavant plus importante, puisque deux mille membres étaient exigés au minimum, ce qui excluait démesurément de nombreuses associations. La Suède a été condamnée pour cela par un arrêt *DLV* de la CJUE en 2009[274] à la suite duquel le seuil a été abaissé à cent membres[275]. En tout état de cause, des trois pays étudiés, ce seuil n'existe qu'en Suède. Il est de fait un

---

[272] Guillaume CHAPRON, Gavin MARFAING et Julien BÉTAILLE, « Patterns of litigation in France during two decades of recovery of a large carnivore », *op. cit.*, p. 9 (v. https://www.biorxiv.org/content/10.1101/2022.10.11.511781v1).

[273] Par exemple une association de 37 membres peut être recevable, dans la mesure où elle organise une rencontre annuelle accueillant 500 visiteurs (MÖD 2015:17).

[274] CJUE, 15 octobre 2009, *Djugården-Lilla Värtans Miljöskyddsförening* (DLV), aff. C-263/08.

[275] Cela a été confirmé dans une affaire relative au loup gris par la cour d'appel de Stockholm (KST Stockholm, 7 février 2013, n°4390-12 et n°4396-12) et par la Cour administrative suprême (HFD, 28 juin 2012, n°2687-12).

obstacle à l'accès à la justice des associations de protection de l'environnement en ce sens qu'elles sont souvent locales et ont peu de membres.

§2. L'interprétation téléologique de la norme

147. « *L'interprétation est l'activité première de tout juriste : il doit établir la signification d'énoncés prescriptifs, il doit donc obligatoirement interpréter.* » [276] . Les différents procédés d'interprétation sont l'origine de débats théoriques, et ce particulièrement entre l'ontologie normativiste du droit selon laquelle l'interprétation est un acte de connaissance et l'ontologie réaliste selon laquelle l'interprétation est un acte de volonté[277]. L'enjeu sous-jacent étant la place du juge dans une société démocratique désireuse de séparer les pouvoirs et donc d'empêcher que le juge ne soit législateur. Ces débats ne concernent pas notre objet de recherche. Il faut toutefois indiquer que parmi les plusieurs méthodes d'interprétation possibles d'un énoncé prescriptif, la méthode dite « téléologique » amplifie la contribution du droit à la réalisation de l'objectif. En effet, elle consiste à ce que le juge s'inspire, justement, de l'objectif en vertu duquel la norme qu'il essaie d'interpréter a été édictée afin d'en comprendre la signification. Une norme ayant pour objet la protection de la faune sauvage devra être comprise à la lumière de l'objectif d'état de conservation favorable. Ce faisant, la méthode téléologique permet, souvent, d'étendre la signification des normes en allant « *au-delà* [de la volonté de son auteur] *afin de préserver l'objectif ou la raison d'être de la norme.* »[278]. On peut illustrer ce propos par deux exemples relatifs à notre objet.

148. Un premier exemple est celui de l'accès à la justice. En 2010 et 2011, les recours associatifs contre les décisions de chasse sous licence du loup en Suède ont tous été rejetés sur le

---

[276] Xavier MAGNON, *Théorie(s) du droit*, *op. cit.*, p. 41.

[277] *Ibid.*, p. 42. Voir également à ce sujet la conférence du Pr. Éric MILLARD sur le thème de la manipulation du droit par les juristes, disponible en français sur https://www.youtube.com/watch?v=PECkF6sfq9c, consulté le 20 juillet 2021.

[278] *Ibid.*, p. 52.

fondement de l'accès à la justice. C'est dans ce contexte qu'a été rendu l'arrêt *Lesoochranárske zoskupenie VLK*[279] selon lequel les juridictions nationales doivent, dans la mesure du possible, interpréter les règles procédurales nationales dans le but de permettre un large accès à la justice aux associations en matière de recours contre les normes qui résultent d'une transposition du droit de l'Union européenne de l'environnement[280]. Cette méthode d'interprétation est téléologique puisqu'elle se fonde sur l'objectif d'un accès à la justice le plus large possible. La solution a dès lors été appliquée par les juridictions administratives[281] et plusieurs décisions ont été annulées entre 2013 et 2016. En réponse à ces annulations, le gouvernement a transféré la compétence d'autorisation de la chasse aux préfectures (« *Länsstyrelse* ») à la place de l'Agence de protection de l'environnement (« *Naturvårdsverket* »). Or les décisions des *Länsstyrelse* ne peuvent faire l'objet de recours que devant *Naturvårdsverket* alors que les décisions autrefois prises par *Naturvårdsverket* pouvaient faire l'objet d'un recours devant le juge administratif[282]. Plusieurs associations ont toutefois pu saisir les juridictions administratives[283] et la Cour administrative suprême, par une interprétation téléologique, a considéré que l'interdiction de recours est contraire au droit de l'Union

---

[279] CJUE, 8 mars 2011, *Lesoochranárske zoskupenie VLK*, aff. C-240/09 (v. les obs. de Jean-Marc FEVRIER, *in* Philippe BILLET, Éric NAIM-GESBERT (dir.), *Les grands arrêts du droit de l'environnement*, Dalloz, coll. « Grands Arrêts », 2017, n°32).

[280] Jan DARPÖ, Yaffa EPSTEIN, « Thrown to the Wolves — Sweden once again flouts EU standards on species protection and access to justice », *NELJ*, vol. 1, 2015, p. 8.

[281] Depuis KST, 7 février 2013, n°4390-12 et n°4396-12.

[282] Jan DARPÖ, Yaffa EPSTEIN, « Thrown to the Wolves — Sweden once again flouts EU standards on species protection and access to justice », *op. cit.*, p. 9. Suite à cela, la Commission européenne a ouvert une seconde procédure de recours en manquement à l'égard de la Suède. Le recours n'a toutefois pas abouti à une saisine de la CJUE, comme le premier. Cette volonté de freiner l'accès à la justice des associations démontre indirectement que c'est un facteur important de contribution à la conservation du loup. Juridiquement, cette interdiction de recours était prévue par l'article 58 de l'ordonnance sur la chasse.

[283] *Ibid.*, p. 10.

européenne[284]. La Commission européenne avait initié un second recours en manquement contre la Suède à ce sujet, sans que la CJUE soit saisie.

149. Un second exemple est celui de l'interprétation de la directive Habitats par la CJUE. Par un arrêt du 9 juin 2011, *Commission c/ France*, aff. C-383/09, elle a considéré que « *en n'instaurant pas un programme de mesures permettant une protection stricte de l'espèce du grand hamster* [la France] *a manqué aux obligations qui lui incombent en vertu de l'article 12, paragraphe 1, sous d), de la directive « habitats ».* » (§40). La CJUE précise dans ce même arrêt que la directive impose l'adoption d'un cadre législatif complet mais également « *la mise en œuvre de mesures concrètes et spécifiques de protection* »[285] qui doit « *permettre d'éviter effectivement la détérioration ou la destruction des sites de reproduction ou des aires de repos des espèces animales figurant à l'annexe IV* » de la directive[286]. Cette interprétation téléologique a contribué à la réalisation de l'objectif en raison de l'extension du régime juridique de l'article 12 qu'elle a permis.

150. L'interprétation téléologique de l'article 16 a quant à elle permis de rendre plus strictes les conditions de dérogation[287]. Deux affaires liées au loup gris peuvent être citées en guise d'exemples. Selon CJCE, 14 juin 2007, *Commission c. Finlande*, aff. C-342/05, le motif de dérogation de l'article 16§1 sous b) (la prévention de dommages importants) ne peut avoir lieu à titre préventif, « *sans qu'il soit établi qu'elle est de nature à prévenir des dommages*

---

[284] HFD, 18 décembre 2015, n°312-15, ref. 79.

[285] CJCE, 11 janvier 2007, *Commission/Irlande*, aff. C-185/05, Rec. p. I-137, §29.

[286] CJCE, 30 janvier 2003, *Commission/Grèce*, aff. C-103/00, Rec. p. I-1147, §39.

[287] « *Although the regime leaves some space for derogations, the case-law of the Court of Justice unvequivocally shows that the issuing of derogations should always remain a last resort-solution, basically confined to situations where compelling and overriding reasons of public interests might necessitate nature conservation to come at the second place.* » *in* Hendrik SCHOUKENS, Kees BASTMEIJER, « Species Protection In The European Union: How Strict Is Strict? », *in The Habitats Directive in its EU Environmental Law Context: European Nature's Best Hope?*, Abingdon, Oxford, 2014, p. 23.

importants » (§47). De même, dans un arrêt CJUE, 10 octobre 2019, *Tapiola*, aff. C-674/17, la Cour interprète l'article 16§1) sous e) (« *la prise ou la détention d'un nombre limité et spécifié d'individus d'une manière sélective et dans une mesure limitée* ») à la lumière du principe de précaution (§69). Elle considère notamment que l'objectif poursuivi par les autorités (en l'espèce la lutte contre le braconnage) doit être justifié « *au vu de données scientifiques rigoureuses* » (§80)[288] et améliore en conséquence la place de l'expertise scientifique dans l'appréciation des conditions de dérogation[289].

151. L'arrêt *Tapiola* peut avoir des conséquences importantes en Suède. La séparation des pouvoirs stricte et la culture du consensus y limitent le contrôle de l'administration par le juge administratif. En raison de cela, de nombreux recours ont été rejetés[290] avec comme seule argumentation une référence au fait que *Naturvårdsverket* a considéré que l'état de conservation favorable a été obtenu pour l'espèce, sans que les débats scientifiques sur l'état de conservation favorable ne soient sérieusement considérés. Ainsi, dans un avis portant sur les conditions de la chasse sous licence en date de 2016[291], la Cour administrative suprême a commencé son raisonnement en rappelant qu'en octobre 2015, *Naturvårdsverket* a évalué la population de loups suédoise comme ayant un état de conservation favorable. La Cour rappelle par la suie que cette évaluation a été contestée, notamment par deux groupes de

---

288 V. À ce sujet Julien BETAILLE, « La Cour de justice de l'Union européenne met le principe de précaution au service de la protection des espèces », disponible sur https://www.actu-environnement.com/blogs/julien-betaille/180/protection-espece-europe-loup-267.html, consulté le 21 juillet 2021 ; Éric NAIM-GESBERT, « Tuer ou ne pas tuer le loup ? Vues sur l'arrêt *Tapiola :* le sauvage en question », *Rev. jur. env.*, 2020/2, vol. 45, p. 399-405 et Yaffa EPSTEIN, Sari KANTINKOSKI, « Non-Governmental Enforcement of EU Environmental Law: A Stakeholder Action for Wolf Protection in Finland », *Frontiers in Ecology and Evolution*, vol. 8, art. 101, 2020.

289 Yaffa EPSTEIN, José Vicente LÓPEZ-BAO, Arie TROUWBORST, Guillaume CHAPRON, « EU Court: Science must justify future hunting », *Science*, vol. 366, Issue, 6468, p. 961.

290 V. *infra*, §156 à 157.

291 HFD, 2016, ref. 89, disponible (en suédois) sur https://www.domstol.se/globalassets/filer/domstol/hogstaforvaltningsdomstolen/avgoranden-2008-2018/2016/hfd-2016-ref.-89.pdf, consulté le 14 août 2021.

recherche qui ont écrit les rapports d'appui sur lesquels le rapport de *Naturvårdsverket* s'est fondé. Ces rapports estiment, en outre, qu'il existe des incertitudes graves quant à la taille de la population de loups car elle rend plus difficile la prévision des effets de la chasse, en particulier en termes d'effets sur la génétique[292]. Elle clôt alors son raisonnement en considérant que « *il n'y a aucune raison de remettre en question la base scientifique sur laquelle Naturvårdsverket a fondé son évaluation* »[293]. L'arrêt *Tapiola*, en renforçant l'importance de la science dans la justification de la chasse, pourrait conduire à un revirement de la jurisprudence suédoise.

SECTION 2. L'APPORT DU CONTENTIEUX DE LA PROTECTION DE L'ESPECE

152. Le contentieux de la légalité présente une effectivité importante (**§1**), ce que nous essaierons de démontrer par le biais de notre analyse statistique. En revanche, l'efficacité du contentieux doit être relativisée, dans la mesure où l'urgence n'est pas correctement appréhendée, conduisant à ce que trop souvent, des décisions administratives soient annulées pendant leur période d'exécution, voire après (**§2**).

---

292 « *Denna bedömning har satts i fråga av Naturskyddsföreningen m.fl. bl.a. på den grunden att de två forskargrupperna som skrev underlagsrapporterna till verkets rapport inte skulle vara eniga, att det finns osäkerheter om hur stor vargstammen är och att denna osäkerhet är allvarlig eftersom den gör det svårare att förutse effekterna av jakt, särskilt när det gäller effekter på genetiken.* » (traduction faite par l'auteur, v. avis préc. cité, p. 15).

293 « *Högsta förvaltningsdomstolen har dock inte anledning att ifrågasätta det vetenskapliga underlag som Naturvårdsverket har byggt sin bedömning på.* » (traduction faite par l'auteur, v. avis préc. cité, p. 15).

§1. Une efficacité importante du contentieux de la légalité

A. La contribution majeure du contentieux associatif à la protection de l'espèce

153. La déférence du juge suédois à l'égard de l'administration le limite dans son contrôle de cette dernière. C'est en raison de cela que de nombreux recours sont rejetés, le juge se fondant sur le fait que *Naturvårdsverket* considère que l'état de conservation favorable a été atteint pour l'espèce alors que cela est contesté par plusieurs auteurs (en particulier pour l'importante consanguinité de la population). L'évaluation statistique comparée des taux de succès des différents requérants en France et en Suède permet alors de mettre en relief la difficulté d'obtenir l'annulation d'une décision de l'administration en Suède, alors que l'état de conservation favorable n'y a pas été atteint[294]. Le taux le moins important est, en France, celui du GEML (« Groupe d'Études des Mammifères de Lorraine »), soit 30% de taux de succès. Il est de 58% pour l'ASPAS, de 57% pour la SPA et de 55% pour toutes les associations confondues[295]. Les associations de protection de l'environnement ont mené 48 recours en annulation. 7 de ces recours ont conduit à une annulation partielle, 19 à une annulation (soit 26 résultats « positifs ») et 22 à un rejet[296]. Les

---

[294] Selon le rapport de suivi de la population suédoise de loups 2019-2020 du projet de recherche *Skandulv*, la moyenne des coefficients de consanguinité, qui varie de 0 à 1, était de 0,24 en 2019. Un coefficient de consanguinité de 0,13 correspond à la descendance d'un cousin et un coefficient de 0,25 correspond à la descendance d'une paire de frères et sœurs. Ce taux de consanguinité important s'explique par le fait que seulement trois loups sont à l'origine de la population scandinave actuelle (v. *supra*, §114). Le rapport est disponible (en suédois) sur https://www.slu.se/globalassets/ew/org/inst/ekol/forskning/projekt/skandulv/publikationer/rapporter/wabakken-et-al-2020-bestandsovervaking-av-ulv-vinteren-2019-2020-inventering-av-varg-vintern-2019-2020.pdf, voir p. 19, consulté le 22 juillet 2021.

[295] Guillaume CHAPRON, Gavin MARFAING et Julien BÉTAILLE, « Patterns of litigation in France during two decades of recovery of a large carnivore », *op. cit.*, p. 14.

[296] *Ibid.*, p. 13.

statistiques relatives au contentieux en référés-suspension sont présentées *infra*.

154. En Suède, le taux de succès le plus important est celui du WWF, soit 88% mais pour seulement 8 recours, ce qui laisse penser que la stratégie de cette association consiste à ne faire des recours qu'à l'encontre de décisions administratives manifestement illégales (et de surcroît, il s'agit d'affaires dans lesquelles plusieurs associations sont requérantes). Outre le WWF, les autres associations ont un taux de succès plus faible que celui du GEML. Ainsi, par exemple, *Naturskyddsföreningen* (« Société suédoise pour la conservation de la nature ») a un taux de succès de 31% pour 35 recours et *Rovdursföreningen* (« Association de protection des prédateurs ») a un taux de succès de 27% pour 52 recours. Le taux de succès de toutes les associations confondues est de 24% dans le pays nordique.

155. Ainsi, seulement 24% des décisions parviennent à être annulées par les associations de protection de l'environnement en Suède contre 55% en France, malgré l'importante consanguinité de la population de loups suédoise, une population plus petite et des quotas de tirs plus élevés. Quand bien même ce taux de 24% d'annulation paraît faible en comparaison du taux d'annulation français, l'annulation de presque une décision sur quatre constitue déjà un facteur juridique important de contribution à la réalisation de l'objectif. Si cette différence peut être expliquée par la conception suédoise de la séparation des pouvoirs mais aussi par l'importance sociale du consensus, une seconde hypothèse peut être avancée, celle de la capacité financière pour les associations d'employer un ou plusieurs juristes. Les associations françaises (FNE, ASPAS, SPA, FERUS) ont toutes les moyens financiers suffisants pour employer des juristes. En Suède, seule *Naturskyddsföreningen* dispose de juristes salariés, à l'exception des antennes locales (son taux de succès de 31% mélange toutefois celui de l'association nationale et ceux des antennes dépourvues de juristes). Précisons enfin qu'en France, l'administration est régulièrement requérante (par exemple, on décompte trente-sept recours pour le préfet des Hautes-Alpes et dix-huit recours pour le préfet de la Savoie)[297]. Cela s'explique par la possibilité d'autoriser des battues administratives qu'avaient les maires. Ces décisions peuvent être déférées devant le juge administratif par les préfets des départements où elles sont adoptées.

B. Un impact important des contentieux sur les destructions annuelles de loups

156. En France, les dynamiques contentieuses interannuelles sont trop irrégulières pour en déduire une ou plusieurs relations causales. Il est possible qu'un biais dû à une absence d'exhaustivité de nos données ait causé cette irrégularité. Un « pic » observé en 2000 correspond à une série d'arrêtés municipaux similaires, tous contestés devant les tribunaux administratifs. En Suède, l'irrégularité des dynamiques semble correspondre à des variations politiques sur le sujet de la conservation du loup gris. Par ailleurs, les annulations ont été importantes entre 2012 et 2016 et ont permis d'empêcher la destruction d'environ 180 loups. À partir de 2016, la plupart des recours ont été rejetés et environ 130 loups ont été détruits jusqu'en 2020. Les statistiques françaises sont moins pertinentes car les jugements ne précisent pas systématiquement, contrairement aux jugements suédois, combien de loups sont concernés par les dérogations. Les données sont donc incomplètes mais constituent toutefois un indicateur intéressant. Ainsi en France, les décisions qui valident la légalité d'arrêtés autorisant la destruction du loup correspondent à un total de 30 loups, contre 43 loups pour les décisions qui annulent de tels arrêtés[298]. Naturellement, il est possible qu'un arrêté soit exécuté – et donc que les individus soient détruits – avant l'intervention d'un jugement ; ce qui est un biais possible. Deux observations peuvent être faites à partir de ces données.

157. En premier lieu, un loup sauvé de la destruction quand la population était faible n'équivaut pas à un loup sauvé plus

[297] *Ibid.*, p. 10.
[298] *Ibid.*, p. 15.

tard quand la population était plus importante dans la mesure où les premiers individus étaient plus précieux pour assurer le développement de l'espèce. Par effet de propagation et du fait du taux naturel de reproduction de l'espèce, les loups sauvés par les premiers contentieux ont pu contribuer au développement de l'espèce. Mais il est trop difficile, dans le cadre de ce mémoire, de mesurer cet effet de propagation car cela correspond à un modèle de dynamique de population trop avancé. En second lieu, les statistiques suédoises permettent de voir deux périodes distinctes qui correspondent à deux tendances jurisprudentielles claires. La première de ces tendances est observable sur la période allant de 2012 à 2016. Elle correspond à l'élargissement de l'accès à la justice en Suède, qui a permis au contentieux associatif de se développer[299]. La seconde tendance correspond au nombre important de recours rejetés à partir de 2016, en raison des conséquences de l'avis précité de la Cour administrative suprême, lequel a d'une part interprété les conditions du point e) de l'article 16§1 avec souplesse et a, d'autre part, exclu toute annulation sur le fondement de l'état de conservation favorable en considérant qu'il est d'ores et déjà acquis pour *Canis lupus*.

158. L'étude approfondie des motifs d'annulation retenus permet d'expliquer les taux d'annulations et par conséquent le nombre de loups sauvés de la destruction par le contentieux associatif. Les juges français analysent d'abord les deux premières conditions de dérogation (l'existence d'alternatives à la destruction et le maintien dans un état de conservation favorable). S'il n'existe pas d'alternatives et que la décision ne nuit pas à l'état de conservation favorable, le juge étudiera ensuite la légalité du motif de dérogation retenu. Par exemple, l'existence d'alternatives (comme la protection des troupeaux) rend inutile l'analyse de l'état de l'état de conservation favorable et du motif de dérogation dans la mesure où cela suffit à prononcer une annulation. C'est en raison de cela qu'il

[299] V. à ce sujet un rapport écrit par Oscar ALARIK, juriste pour *Naturskyddsföreningen* (Oscar ALARIK, « Rättsfallen om licensjakt efter varg i Sverige – bakgrund och kronologi », *Naturskyddsföreningen*, novembre 2016, 26 pages).

n'y a que 38 décisions qui mentionnent le motif de dérogation b), parmi lesquelles 24 ont conduit à une annulation ou à une suspension (seul le motif b) étant utilisé en France) et 14 à un rejet[300].

159. Le juge suédois a une méthode différente. Il peut mentionner les deux conditions de dérogation et le motif de dérogation tout en annulant sur le fondement d'un seul. Partant, 11 des 64 décisions mentionnant les alternatives et 16 des 72 décisions mentionnant l'état de conservation favorable ont été annulées ou suspendues. Mais cela ne signifie pas nécessairement que le juge se soit fondé sur l'une de ces conditions. Quant aux motifs de dérogation, seulement 10 des 48 jugements mentionnant le motif b) (soit la prévention des dommages) ont été annulées ou suspendues. Dans le nord, les loups causent facilement beaucoup de dommages aux éleveurs de rennes, c'est pourquoi les demandes d'annulations des décisions administratives relatives à ce motif sont presque systématiquement rejetées. Sur les 11 décisions mentionnant le motif c) (la santé et la sécurité publiques), 4 ont conduit à une annulation ou à une suspension. Toutefois, il n'y a eu aucune attaque de loups sur l'homme dans le pays, la population lupine suédoise étant exempte du virus de la rage. Enfin, sur 12 décisions mentionnant le motif e), seulement 2 ont conduit à une annulation ou à une suspension, notamment pour les raisons précitées.

160. Alors que l'administration française fonde ses décisions sur le motif b), l'administration suédoise, en souhaitant limiter le développement de la population de loups, a diversifié les motifs utilisés de manière à assouplir et amplifier les possibilités de déroger à la protection de l'espèce. En outre, le contrôle léger de l'administration par le juge administratif a conduit à une interprétation souple des motifs c) et e). Concernant le e) et plus généralement l'ensemble des motifs, l'arrêt *Tapiola* devrait logiquement conduire, par le biais de l'application du principe de précaution à la protection des

---

[300] Guillaume CHAPRON, Gavin MARFAING et Julien BÉTAILLE, « Patterns of litigation in France during two decades of recovery of a large carnivore », *op. cit.*, p. 16.

espèces, à rendre encore plus stricte l'appréciation de l'article 16. Une nouvelle étude, menée dans plusieurs années, pourrait permettre de mesurer la portée de l'arrêt *Tapiola* sur la jurisprudence suédoise.

§2. Une appréhension contentieuse incomplète de l'urgence

161. Le contentieux de la légalité ne peut contribuer à réaliser l'objectif effectivement que si un loup donné est réellement sauvé de la destruction par un jugement. Considérant cela, il a été impossible de distinguer les jugements intervenus avant le début de l'exécution des décisions administratives auxquels ils correspondent des jugements intervenus après ces décisions et ce faisant de ne pas comptabiliser comme « sauvé » un loup qui aurait pu être détruit pendant l'instance de jugement. En France, les jugements intervenus après l'exécution des décisions administratives ne précisent jamais si les loups ont été tués ou non. Cette information n'est jamais disponible. En tout état de cause, même si elle l'était, opérer une telle distinction nécessiterait d'élaborer un modèle statistique complexe pour distinguer les jugements efficaces « en réalité » des jugements dont l'efficacité n'est que juridique et théorique. Au mieux, l'efficacité du droit dépend donc de la rapidité avec laquelle le juge administratif se prononce sur la légalité d'une décision administrative soumise à son examen.

162. En Suède, certains jugements précisent si les loups ont déjà été détruits mais ce n'est pas systématique. Il arrive même, concernant certains jugements, que le juge prononce un non-lieu à statuer en faisant le constat de l'exécution de la décision et, ce faisant, la légalité de la décision de chasse n'est même pas contrôlée [301]. Ces jugements n'ont pas été inclus à notre

[301] V. par exemple FST Luleå, 16 novembre 2020, *Svenska Rovdursföreningen*, n°2327-20. Dans ce jugement, après avoir relevé que le loup en question a déjà été détruit, le tribunal administratif de Luleå a prononcé un non-lieu à statuer. C'est également le cas des jugements, de ce même tribunal, n°664-21 ; n°651-21 ; n°632-21 ; n°573-21 ; n°502-21 ; n°19-21 (4 loups ont été détruits, avant le jugement, dans ce cas d'espèce). La Cour

évaluation statistique puisqu'ils sont dénués d'intérêt. Les statistiques doivent donc être relativisées quant à la contribution du droit à la réalisation de l'objectif. Le contentieux associatif y a certes contribué mais il est difficile de mesurer précisément l'importance de cette contribution, même via une étude quantitative. Il n'y a, dans le royaume scandinave, qu'une seule procédure de recours administrative dans laquelle le juge peut éventuellement prononcer une suspension, mais cela n'est arrivé qu'à deux reprises pour le loup gris. Dans une majorité de jugements, il s'agit de recours en annulations classiques.

163. En France, la loi n°2000-597 relative au référé devant les juridictions administratives a consacré plusieurs types de recours dits « référés » qui permettent au juge administratif de se prononcer dans l'urgence. En particulier, le référé-suspension permet au juge de suspendre l'exécution d'une décision administrative lorsque l'urgence le justifie et qu'il est fait état d'un moyen propre à créer un doute sérieux sur la légalité de ladite décision (article L. 521-1 du Code de justice administrative). Si la suspension est prononcée, le juge statuera par la suite sur la légalité de l'arrêté dans le cadre d'un recours parallèle classique en annulation (dit de « l'excès de pouvoir »). Sur 69 référés initiés par des associations de protection de l'environnement, 38 ont conduit à une suspension. En revanche, sur les référés rejetés, 11 l'ont été sur le fondement de l'absence d'urgence. Les 20 restants ont été rejetés pour cause d'absence de doute sur la légalité des décisions litigieuses[302]. Selon l'article L. 521-1 précité, le juge administratif analyse si un moyen est propre à créer un doute sur la légalité de la décision examinée que si préalablement une urgence est constatée. Le cas échéant, le référé est rejeté sur ce fondement et la légalité de la décision ne fait pas l'objet d'un contrôle[303]. Dès lors, il

---

d'appel de Sundsvall a confirmé ce type de non-lieux à statuer dans les arrêts n°176-20 ; n°177-20 et n°493-21.

[302] Guillaume CHAPRON, Gavin MARFAING et Julien BÉTAILLE, « Patterns of litigation in France during two decades of recovery of a large carnivore », *op. cit.*, p. 13.

[303] Cela conduit certains auteurs à être critique à l'égard de la pertinence de cette condition de l'urgence. V. Christelle BALLANDRAS-ROZET, « Quelle

pourrait être présumé de l'existence d'une urgence concernant une espèce protégée par l'annexe IV de la directive Habitats. Le potentiel de contribution à la réalisation de l'objectif du référé-suspension pourrait, ce faisant, être amélioré et amplifié.

effectivité pour les référés-environnement ? », *Rev. jur. env.*, février 2016, vol. 41, p. 253-268.

CONCLUSION DU CHAPITRE 1

164. Le contentieux est un facteur essentiel de contribution à la conservation de l'espèce. Cette contribution est conditionnée par l'existence de deux facteurs préalables. Le premier est l'accès à la justice des associations de protection de l'environnement. Le contentieux associatif est fondamental dans la mesure où ce sont les associations qui se sont imposées, en Europe, comme les « voix » ou comme les « gardiennes » de l'environnement. L'accès à la justice est satisfaisant en Espagne et en France, mais le droit externe a été nécessaire pour étendre le droit suédois, lequel restreignait l'accès à la justice des associations avant l'arrêt *DLV* de la CJUE. De plus, l'interprétation téléologique de la directive Habitats faite par la CJUE amplifie l'efficacité du contentieux. D'une part lorsqu'elle étend l'accès à la justice, ce qui a été le cas en Suède, en particulier sous l'impulsion de l'arrêt *Lesoochranárske zoskupenie VLK*. D'autre part lorsqu'elle accroît le régime de protection de l'espèce institué par l'article 12 (avec l'arrêt *Commission c/ France* sur le grand hamster d'Alsace) ou qu'elle rend plus stricte l'appréciation des conditions de dérogation prévues par l'article 16 (par exemple avec l'arrêt *Tapiola*).

165. Ces deux facteurs préalables étant remplis, le contentieux a pu contribuer à la réalisation de l'objectif. Une évaluation statistique comparée des décisions de jurisprudence françaises et suédoises a permis de démontrer l'intérêt du contentieux associatif pour protéger l'espèce, en raison de sa capacité à obtenir l'annulation de décisions illégales qui dérogent à la protection de l'espèce. En outre, la somme du nombre de loups dont la destruction a été empêchée par le juge permet de mesurer plus concrètement cette efficacité. Or, cette mesure est théorique et doit être relativisée, notre évaluation étant limitée du fait de l'impossibilité de déterminer si un jugement donné a réellement permis d'empêcher une destruction.

166. Pour répondre à cette appréhension insuffisante de l'urgence, la France a créé une procédure dite du « référé-suspension » qui permet au juge de se prononcer plus rapidement. Notre étude démontre l'efficacité de cette procédure en ce sens qu'elle a conduit à un nombre important de suspensions. Toutefois, un nombre trop important de référés ont été rejetés sur le fondement de l'absence d'urgence. Cela semble contestable pour une espèce listée en annexe IV de la directive Habitats pour laquelle l'urgence de sa préservation devrait être présumée. L'existence de ce critère nuit donc à l'efficacité du référé-suspension.

CHAPITRE 2

Les facteurs de mobilisation de la norme insuffisamment exploités

167. Parmi les facteurs de mobilisation de la norme, il est possible d'en identifier deux qui ne sont pas assez exploités. Il s'agit en premier lieu de la sanction de la violation de la norme (**Section 1**), et en second lieu de sa mobilisation non contentieuse (**Section 2**).

SECTION 1. LA SANCTION DE LA VIOLATION DE LA NORME

168. La sanction de la puissance publique, par le biais de la responsabilité administrative, n'est pas suffisante (**§1**). Au demeurant, le contentieux pénal n'est pas assez effectif quant à la répression des atteintes aux espèces protégées (**§2**).

§1. L'insuffisance de la responsabilité de la puissance publique

169. La sanction de la puissance publique est « *principalement assurée par les voies indirectes que sont l'invalidation et la responsabilité* », « *compte tenu de l'absence de système répressif applicable à la puissance publique* »[304].

---

[304] Julien BETAILLE, *Les conditions juridiques de l'effectivité de la norme en droit public interne, illustrations en droit de l'urbanisme et en droit de l'environnement, op. cit.*, p. 319.

Dans les trois pays étudiés, c'est la voie de l'invalidation par le juge qui est principalement utilisée. Concernant la seconde voie, celle de la responsabilité de la puissance publique, aucun jugement n'a en France et en Suède engagé ladite responsabilité en raison de l'édiction d'une décision de dérogation à la protection du loup gris invalidée par le juge après son exécution effective.

170. En Espagne, un arrêt du *Tribunal Superior de Justicia* (ci-après : TSJ) de Castille-et-León a engagé pour la première fois la responsabilité administrative d'une communauté autonome en 2019. Par une décision du 29 juillet 2016, la Direction Générale de l'Environnement Naturel a approuvé un plan régional triennal de gestion du loup dans les territoires de chasse situés au nord de la rivière Duero en Castille-et-León pour les années 2016/2017, 2017/2018 et 2018/2019. Le plan a d'abord été suspendu en 2018[305] avant d'être annulé en 2019[306]. Les territoires concernés, situés au nord du fleuve, correspondent donc à l'annexe V de la directive qui autorise l'exploitation de l'espèce, à la condition principale de ne pas porter atteinte à son maintien dans un état de conservation favorable[307]. Deux moyens ont été retenus par le TSJ pour annuler ce plan. D'une part un moyen de légalité externe, plus précisément un vice de procédure, le dossier manquant de rapports et d'études. Un tel jugement correspond à la portée de l'arrêt *Tapiola* quant au renforcement de la place de l'expertise

---

[305] TSJ Castille-et-León, 26 avril 2018, *ASCEL c/ Consejería del medio ambiente - junta de Castilla y León*, n°135/2018 confirmé par TSJ Castille-et-León, 29 juin 2018, *ASCEL c/ Consejería del medio ambiente - junta de Castilla y León*, Auto.

[306] TSJ Castille-et-León, 12 décembre 2019, *ASCEL c/ Consejería del medio ambiente - junta de Castilla y León*, n°5084/2019. Pour un résumé et un commentaire de cette décision, v. (en espagnol) https://www.actualidadjuridicaambiental.com/jurisprudencia-al-dia-castilla-y-leon-planes-lobo-caza/, consulté le 23 juillet 2021. Un lien renvoyant à la décision est disponible au bas de la page.

[307] Selon l'article 14 de la directive, les États membres peuvent prendre « *des mesures pour que le prélèvement dans la nature de spécimens des espèces de la faune et de la flore sauvages figurant à l'annexe V, ainsi que leur exploitation, soit compatible avec leur maintien dans un état de conservation favorable* ».

scientifique dans la procédure de dérogation. D'autre part un moyen de légalité interne, soit une erreur de droit, la décision supposant que le loup est une espèce cynégétique. Le tribunal précise que si le classement d'une espèce en annexe V de la directive autorise le prélèvement de spécimens et l'exploitation de l'espèce, cela ne signifie pas toutefois que son régime juridique relève de celui d'espèces cynégétiques[308]. La décision étant annulée, le tribunal engage dès lors dans la suite de son raisonnement la responsabilité administrative de la communauté autonome, quatre-vingt-onze loups ayant été abattus en application du plan pour l'année 2016. Le juge se fonde alors sur l'article 26 du décret 32/2015[309], qui attribue une valeur pécuniaire à plusieurs espèces dont le loup (9,261€ par individu), soit un total de 842,751€. Ce décret ne donne aucune indication sur le mode de calcul de cette forme de préjudice écologique. La communauté autonome s'est pourvue en

---

[308] Cette confusion entre le régime juridique des espèces classées en annexe V et celui de celles classées en annexe IV est fréquente en Espagne. En particulier dans la communauté autonome de Castille-et-León, qui est traversée par le Duero. Un plan de gestion du loup a par exemple été annulé par le TSJ de cette communauté autonome, car l'établissement de quotas de chasse à l'intérieur de chaque province de la communauté ne distinguait pas les loups situés au nord du fleuve de ceux situés au sud. Le droit créé ici ses propres frontières (TSJ Castille-et-León, 13 novembre 2009, n°2878/2009 confirmé par TS, 22 mars 2013, STS 1560/2013). Un second plan a été annulé pour les mêmes raisons (TSJ Castille-et-León, 30 septembre 2015, n°4323/2015).

[309] Decreto 32/2015 de 30 de abril, por el que se regula la conservación de las especies cinegéticas de Castilla y León. L'intitulé de ce décret montre une seconde confusion, cette fois entre le régime juridique de l'annexe V et celui propre aux espèces cynégétiques. La cause en est la possibilité « d'exploiter » les espèces classées en annexe V, selon la directive Habitats. La différence essentielle entre le régime des espèces classées en annexe V et le régime d'espèces cynégétiques est que pour le premier, leur exploitation est conditionnée par le maintien de l'espèce dans un état de conservation favorable selon l'article 14. Cela implique que toute décision de prélèvement doit être motivée, par des études et rapports scientifiques, quant au fait qu'elle n'est en aucun cas susceptible de nuire à ce statut. C'est en ce sens qu'un vice de procédure est retenu pédagogiquement par le juge administratif espagnol, le moyen tiré de l'erreur de droit étant suffisant pour fonder l'annulation du plan triennal.

cassation devant le Tribunal Suprême, qui a accepté d'examiner l'affaire en février 2021[310].

171. Améliorer la sanction de la personne publique par la reconnaissance de sa responsabilité administrative pour atteinte à l'état de conservation favorable présenterait deux intérêts. Le premier est que la sanction de la norme est une condition classique de l'effectivité[311]. Le second est la fonction de réparation du préjudice, propre à la responsabilité administrative. Dans cet arrêt, le juge affecte la somme de 842,751€ à l'administration[312]. Avec cette somme, elle devra présenter un programme devant au minimum inclure les « *actions nécessaires à la récupération du loup ibérique, à sa conservation et à la diffusion de l'importance de l'espèce* »[313]. En outre, ce programme devra contenir la durée, le coût et les actions qui seront menées dans les limites du montant condamné[314].

§2. Le manque d'effectivité de la répression pénale des atteintes aux espèces protégées

172. D'un point de vue substantiel, en Espagne, l'article 334 du Code de l'environnement prévoit une peine de six mois à deux ans de prison les atteintes aux espèces de la faune sauvage. Cette peine peut être doublée lorsque l'espèce ou la sous-espèce à laquelle une atteinte est portée figure sur le catalogue des

---

[310] TS, 12 février 2021, ATS 1167/2021. Le TS n'a pas encore rendu son arrêt à la date de rédaction de cet ouvrage.

[311] « *Sur le plan théorique, la sanction de la norme contribue en principe à son respect et, par ce biais, à son effectivité* », v. Julien BETAILLE, *Les conditions juridiques de l'effectivité de la norme en droit public interne, illustrations en droit de l'urbanisme et en droit de l'environnement, op. cit.*., p. 321.

[312] La somme a été affectée à l'administration et non à l'association requérante ASCEL. Cela est justifié par l'application de l'article 45§2 de la Constitution espagnole qui prévoit que « [*l*]*es pouvoirs publics veilleront à l'utilisation rationnelle de toutes les ressources naturelles, afin de protéger et améliorer la qualité de la vie et de défendre et restaurer l'environnement, en ayant recours à l'indispensable solidarité collective* » (traduction faite par l'auteur).

[313] Voir le point 7 de l'arrêt, p. 8.

[314] *Ibid.*

espèces menacées. Des peines complémentaires sont également prévues (l'interdiction spéciale d'exercer une profession ou un métier et une interdiction spéciale d'exercer le droit de chasse ou de pêche pendant une période de deux à quatre ans). Si la rédaction de l'article 334 a été améliorée depuis le texte original[315], la peine prévue n'a pas été alourdie. Au contraire, en France, l'article L. 415-3 du Code de l'environnement français prévoit une peine de trois ans d'emprisonnement les atteintes aux espèces protégées en violation des interdictions ou des prescriptions prévues par les dispositions de l'article L. 411-1 et par les règlements ou les décisions individuelles pris en application de l'article L. 411-2. Ces peines ont été alourdies par la loi du 8 août 2016 pour la reconquête de la biodiversité[316], ce qui correspond à une volonté de répondre à une critique régulière selon laquelle les peines prévues par le droit pénal de l'environnement sont trop faibles[317]. En Suède, une peine d'emprisonnement de deux ans maximum est prévue en application de la section 2b du chapitre 26 du Code de l'environnement, pour diverses atteintes aux espèces. Dans le cas où l'infraction serait grave, c'est-à-dire si l'infraction a été commise à l'encontre d'une espèce menacée, rare ou autrement vulnérable, ou qu'elle s'inscrit dans le cadre d'un crime systématique, à long terme, à grande échelle ou à but lucratif, la peine est de six mois au minimum et de quatre ans au maximum.

173. L'arrêt *Tapiola* devrait contribuer à développer l'importance de la protection pénale de l'espèce protégée. Au §48, le juge considère que : « [...] *il y a lieu de considérer que la seule existence d'une activité illégale telle que le braconnage ou les difficultés auxquelles se heurte la mise en œuvre du contrôle de celle-ci ne sauraient suffire à dispenser un État membre de son obligation de garantir la protection des espèces protégées au titre de l'annexe IV de la directive « habitats ». Dans une telle situation, il lui incombe, au contraire, de*

---

315 Ley Orgánica 10/1995, de 23 de noviembre, del Código Penal.

316 Michel PRIEUR et al., *Droit de l'environnement*, *op. cit.*, p. 446. L'ordonnance n°2012-34 du 11 janvier 2012 prévoyait un an d'emprisonnement et 15 000€ d'amende.

317 Agathe VAN LANG, *Droit de l'environnement*, *op. cit.*, p. 547.

privilégier le contrôle strict et efficace de cette activité illégale, d'une part, et la mise en œuvre de moyens n'impliquant pas l'inobservation des interdictions posées au titre des articles 12 à 14 ainsi que de l'article 15, sous a) et b), de cette directive, d'autre part. ». Les États ne peuvent donc pas se servir de la dérogation à la protection des espèces pour prévenir l'apparition de conflits sociaux et réduire le braconnage, mais ils doivent au contraire renforcer cette protection et « *privilégier le contrôle strict et efficace de cette activité illégale* [du délit de braconnage] »[318]. Cela implique qu'il est nécessaire que les délits environnementaux soient poursuivis « *en tant qu'infractions environnementales et assorties de sanctions proportionnées, efficaces et dissuasives* »[319] et que les États transposent correctement la directive 2008/99/CE du 19 novembre 2008 relative à la protection de l'environnement par le droit pénal[320]. En effet, cette directive prévoit l'établissement d'infractions relatives à la protection pénale de l'espèce protégée (v. l'article 3 sous a), f), g) ainsi que le cinquième alinéa du préambule). Puisque cette transposition a bien été réalisée, c'est l'application des normes qui n'est, dès lors, pas suffisamment effective.

---

[318] Par ailleurs, la thèse selon laquelle la chasse du loup peut améliorer son acceptabilité sociale et ainsi réduire le braconnage est controversée parmi les scientifiques. Au contraire, cela augmenterait même le braconnage (v. Guillaume CHAPRON, Adrian TREVES, « Blood does not buy goodwill: allowing culling increases poaching of a large carnivore », *Proc. R. Soc.* B 283: 20152939). Si la CJUE a reconnu par l'arrêt *Tapiola* une violation du droit de l'Union à ce sujet, c'est également le cas des juridictions aux États-Unis. V. à ce propos Yaffa EPSTEIN, « Killing Wolves to Save Them? Legal Responses to 'Tolerance Hunting 'in the European Union and United States », *Review of European, Comparative & International Environmental Law*, avril 2017, vol. 26, n° 1, p. 19-29.

[319] « *In this regard, it is necessary to emphasise the importance for States to implement environmental legislation which still suffers from a high non-compliance deficit and, where appropriate, to implement the Environmental Crime Directive in such a way that the most serious breaches of this legislation are prosecuted as environmental offences with proportionate, effective and dissuasive penalties.* » *in* Teresa FAJARDO DEL CASTILLO, « Wolf (Dis)Protection In Spain: Exceptions To The Rules In The Bern Convention And In The Habitats Directive As A Conservation And Management Tool », *Revista Catalana De Dret Ambiental*, Vol. XII, Núm. 1 (2021), p. 26.

[320] *Ibid.*

174. Le contentieux pénal a été exclu de notre évaluation quantitative en raison d'une indisponibilité publique des données et, en tout état de cause, de leur faible importance. Il s'agit effectivement d'un contentieux peu développé pour des raisons plurielles[321]. Concernant le braconnage en particulier, il s'agit d'une activité criminelle qui est le plus souvent dissimulée. La détection des infractions est donc complexe[322]. Mais la réponse pénale est insuffisante puisque, par exemple en France, le taux de recours aux alternatives aux poursuites est de 72% en 2016 et de 76% en 2017 pour les infractions liées à la protection du patrimoine naturel[323]. Selon les auteurs du rapport à l'origine de ces statistiques, cela s'explique par le fait qu'il s'agisse d'un contentieux technique qui est traité par des formations généralistes, par une mauvaise appréhension des enjeux propres à l'environnement ainsi que par une insuffisante qualité des enquêtes effectuées, à la fois par les services généralistes et par les services spécialisés[324]. Dès lors, une solution possible serait de donner aux enquêteurs les moyens humains nécessaires à la découverte et à l'instruction des infractions[325], de spécialiser ces derniers[326], mais aussi de

---

[321] Selon un rapport, pour l'exemple de la France, c'est notamment parce qu'il s'agit d'un contentieux particulièrement technique, que l'accès à la justice est insuffisant et que le droit peine à appréhender les atteintes à l'environnement. V. Bruno CINOTTI, Jean-François LANDEL, Vincent DELBOS, Daniel ATZENHOFFER, Carole SIMONNOT, *Une justice pour l'environnement. Mission d'évaluation des relations entre justice et environnement*, Rapport CGEDD n° 012671-01, IGJ n° 019-19, 2019, p. 25-28.

[322] Il est toutefois possible de calculer l'impact du braconnage sur une population donnée de loups. V. Olof LIBERG et al., « Shoot, shovel and shut up: cryptic poaching slows restoration of a large carnivore in Europe », *Proceedings of the Royal Society B: Biological Sciences*, mars 2012, vol. 279, n° 1730, p. 910-915.

[323] *Ibid.*, p. 56.

[324] *Ibid.*

[325] V. Julien BÉTAILLE, « Répression et effectivité de la norme environnementale », *Rev. jur. env.*, 2014, vol. 39, n° 1, p. 54.

[326] Une étude démontre qu'il a existé pendant une vingtaine d'années un braconnage important du lynx en Suisse avant qu'une première condamnation pénale n'intervienne, ce qui suggère une collusion entre les enquêteurs locaux et les braconniers. Dans cette optique, une structuration centralisée pourrait permettre d'éviter de tels phénomènes. V. Raphaël ARLETTAZ et al., « Poaching Threatens the Establishment of a Lynx Population, Highlighting

former les magistrats au droit pénal de l'environnement et de spécialiser certaines juridictions[327]. Une telle voie a été prise par la France. En effet, l'article 15 de la loi n°2020-1672 du 24 décembre 2020 relative au Parquet européen créé un article 706-3-2.-1. au sein du Code de procédure pénale, lequel institue des pôles régionaux spécialisés en matière d'atteintes à l'environnement[328].

Section 2. La mobilisation non contentieuse de la norme

175. Non seulement les associations peuvent également contribuer à la réalisation de l'objectif par le biais d'actions non contentieuses (**§1**), mais encore, le développement de sanctions positives pourrait constituer un levier supplémentaire pour amplifier la contribution du droit (**§2**).

§1. L'action des associations pour l'extension du régime juridique applicable à l'espèce

176. Mis à part l'importante contribution du contentieux associatif à la réalisation de l'objectif, une diversification des actions des associations de protection de l'environnement pourrait leur permettre d'amplifier leur contribution comme l'indique le développement de leurs actions non contentieuses. Un tel développement a eu lieu en Espagne et il est possible de l'illustrer par deux exemples.

---

the Need for a Centralized Judiciary Approach », *Frontiers in Conservation Science*, juin 2021, vol. 2, article 665000.

[327] Voir à ce sujet les actes du colloque « Le droit pénal peut-il sauver l'environnement ? » du 5 mars 2020, publiés dans les *Annales de l'Institut de criminologie et de sciences pénales Roger Merle*, Presses de l'Université Toulouse I Capitole, vol. n°2, 2021.

[328] « *Dans le ressort de chaque cour d'appel, la compétence territoriale d'un tribunal judiciaire est étendue au ressort de la cour d'appel pour l'enquête, la poursuite, l'instruction et le jugement des délits* [...] *prévus par le code de l'environnement* [...]. ».

177. En premier lieu, l'association « *Grupo Lobo de Euskadi-Euskadiko Otso Taldea* » a demandé au Département de l'environnement, de l'aménagement du territoire et du logement de la communauté autonome du Pays-Basque d'inclure le loup dans le catalogue des espèces menacées du Pays-Basque, au sein de la catégorie « en danger d'extinction ». Il n'a pas répondu à cette demande et un contentieux a été initié à l'encontre de la décision implicite de rejet devant la juridiction administrative. Toutefois, par une résolution du 26 septembre 2018, l'administration a engagé la procédure permettant d'ajouter le loup gris au catalogue des espèces menacées de la communauté autonome. Le TSJ du Pays-Basque a alors prononcé un non-lieu à statuer pour satisfaction extra-procédurale[329]. En revanche, il est difficile de déterminer s'il y a un lien de cause à effet entre l'action de l'association et le classement du loup gris dans le catalogue des espèces menacées du Pays-Basque, en ce sens que l'on ne peut pas savoir si ce classement aurait eu lieu si l'association ne l'avait pas demandé.

178. En second lieu, l'association ASCEL a proposé la modification du décret 139/2011 qui instaure la liste nationale des espèces protégées (laquelle ne classe actuellement que les loups situés au sud du Duero, ceux situés au nord relevant de l'annexe V[330]). L'objectif était alors d'homogénéiser le régime juridique du loup gris en Espagne en incluant les loups situés au nord du Duero dans la liste. En octobre 2019, l'ASCEL a émis une pétition demandant à ce que le décret soit modifié en ce sens. En février 2020, le comité scientifique du ministère de l'environnement a pris position en faveur de l'inclusion de l'ensemble des populations de loups dans la liste, sans pour autant donner entièrement raison à l'ASCEL qui souhaitait qu'il

---

[329] TSJ Pays-Basque, 4 juillet 2019, n°339/2019. L'arrêt est disponible (en espagnol) sur le lien suivant, https://loboiberico.com/wp-content/uploads/2020/01/TSJPV-Sentencia-Catalogación-Lobo-Euskadi-Archivo-por-Satisfacción-Desv%C3%ADo-Procesal.pdf, consulté le 25 juillet 2021.

[330] V. *supra*, §83 à 84.

soit classé « comme vulnérable »[331]. Le 4 février 2021, la Commission d'État pour le Patrimoine naturel et la Biodiversité a pris la décision d'inclure le loup gris dans la liste[332], dans un vote auquel les communautés autonomes ont pris part[333]. Toutefois, la décision finale revient au pouvoir exécutif national, lequel est le seul compétent pour modifier le décret. Une consultation du public a eu lieu du 9 février au 26 février 2021. Le 19 mai 2021, le ministère a publié un projet de décret ministériel qui modifierait l'annexe du décret de 2011 en y incluant l'ensemble des populations de loups du territoire espagnol[334]. Selon les prévisions du ministère, le loup ne sera plus une espèce « cynégétique » au plus tard le 25 septembre 2021[335]. De même, en parallèle de cela, une nouvelle stratégie de conservation de l'espèce est en cours d'élaboration[336].

179. Les stratégies menées par les associations de l'environnement consistent majoritairement, pour le cas de la conservation du loup gris, à demander au juge l'annulation de décisions dérogeant à la protection de l'espèce ou l'annulation de plans de gestion de l'espèce (de tels plans sont adoptés particulièrement par les communautés autonomes en Espagne).

---

331 Cet avis est disponible (en espagnol) sur le lien suivant, https://loboiberico.com/wp-content/uploads/2020/11/Dictamen-CC-Miteco-Lobo.pdf, consulté le 25 juillet 2021.

332 « Acuerdo entre el Gobierno y las comunidades autónomas para detener la caza del lobo en España », *ElDiario.es*, 4 février 2021, disponible sur https://www.eldiario.es/sociedad/acuerdo-detener-caza-lobo-espana_1_7192792.html, consulté le 22 mars 2021.

333 Les communautés autonomes situées au nord du fleuve ont, sans surprise, votées contre (9 pour, 8 contre). V. « El Gobierno pone fecha para el fin de la caza del lobo: el 25 de septiembre », *EL PAÍS*, 19 mai 2021, disponible sur https://elpais.com/clima-y-medio-ambiente/2021-05-19/el-gobierno-pone-fecha-para-el-fin-de-la-caza-del-lobo-el-25-de-septiembre.html, consulté le 19 mai 2021.

334 V. https://www.miteco.gob.es/es/prensa/ultimas-noticias/el-miteco-publica-el-proyecto-de-orden-ministerial-que-incluye-al-lobo-en-el-listado-de-especies-silvestres-en-régimen-de-protección-especial-/tcm:30-526376, consulté le 25 juillet 2021.

335 Le ministère reproduit ici la confusion, que la communauté autonome Castille et León avait faite, entre le régime des espèces cynégétiques et le régime de l'annexe V qui permet une « exploitation » des espèces qui y sont classées par la directive Habitats (v. *infra*, §170).

336 Teresa FAJARDO DEL CASTILLO, *op. cit.*, p. 26.

Ce type de stratégie peut être qualifiée de négative puisqu'elle ne vise qu'à sanctionner l'administration en sollicitant par la voie du contentieux l'invalidation de ses décisions. Au contraire, dans les deux exemples espagnols précités, l'action des associations a consisté à solliciter de l'administration une extension du régime juridique applicable à l'espèce. Le contentieux n'est ici que subsidiaire et n'intervient qu'en cas de rejet implicite ou explicite de l'administration des demandes qui lui sont adressées. Cette stratégie associative peut être qualifiée de positive, dans la mesure où contrairement aux stratégies contentieuses négatives, celle-ci consiste à rechercher une extension du droit et non pas seulement une sanction de l'administration.

§2. La contribution supplétive des sanctions positives

180. Norberto BOBBIO distingue les sanctions négatives des sanctions positives, lesquelles se développent dans le droit contemporain et en particulier en droit de l'environnement. Les sanctions positives sont définies par BOBBIO comme des mesures d'encouragement et d'incitation à l'exécution. Symétriquement, la sanction négative consiste à protéger un intérêt donné par le biais de la répression des comportements qui lui porterait atteinte[337]. En considérant l'efficacité des sanctions positives et leur développement en droit de l'environnement (par exemple pour la conservation de l'ours brun en France[338] ou encore pour l'exemple des incitations financières à l'achat de véhicules électriques[339]), on pourrait penser que de telles sanctions positives pourraient être utilisées pour réaliser l'objectif de conservation du loup gris. L'objectif de l'usage de sanctions positives est alors l'amélioration de

---

[337] Norberto BOBBIO, *Essais de théorie du droit*, Bruylant LGDJ, coll. « La pensée juridique », 1998, p. 175 et s.

[338] Julien BÉTAILLE, *Positive obligations to rescue small populations - A country study on the management of brown bear under the Habitats Directive in France*, Research report, Claws and Laws project, novembre 2017, p. 46-76.

[339] V. le décret, récent, n°2021-977 du 23 juillet 2021 relatif aux aides à l'acquisition ou à la location de véhicules peu polluants.

l'acceptabilité sociale de l'espèce. C'est pourquoi, par exemple en Espagne, certaines communautés autonomes essaient de faire du loup gris un élément du développement rural et touristique. C'est ce que prévoit le point 4 du plan de gestion du loup en Galice[340], selon lequel « *la finalité du plan de gestion du loup en Galice est de garantir la viabilité de cette espèce sur notre territoire, en maintenant une population stable de loup en Galice et en rendant compatible son existence avec l'élevage extensif et avec la viabilité économique des exploitations agricoles, en adoptant des mesures préventives et en établissant des lignes d'aide pour atténuer les dommages causés par cette espèce, ainsi que pour valoriser l'existence du loup et en en faisant un élément qui favorise le développement rural et touristique dans les zones où cette espèce est présente* »[341].

181. Mais l'exemple le plus pertinent de l'intérêt des sanctions positives est certainement celui de la conservation du loup en Pologne. Les populations de l'espèce y ont été multipliées par quatre en moins de vingt ans alors qu'elle n'y est classée qu'en annexe V de la directive Habitats[342]. Selon deux sociologues de l'environnement polonais, Krzystof NIEDZIALKOWSKI et Renata PUTKOWSKA-SMOTER, les militants écologistes et les scientifiques ont profité de l'espace créé par

---

[340] V. « *Disposición del Diario Oficial de Galicia- Xunta de Galicia* », disponible (en espagnol) sur https://www.xunta.gal/dog/Publicados/2009/20090120/Anuncio238A_es.html, consulté le 5 août 2021.

[341] « *La finalidad del Plan de gestión del lobo en Galicia es garantizar la viabilidad de esta especie en nuestro territorio, manteniendo una población estable del lobo en Galicia y al mismo tiempo compatibilizar su existencia con la de la ganadería extensiva y con la viabilidad económica de las explotaciones agropecuarias, adoptando medidas preventivas y estableciendo líneas de ayudas para paliar los daños causados por esta especie, así como poner en valor la existencia del lobo y convertirla en un elemento que fomente el desarrollo rural y turístico de las zonas donde se encuentra presente esta especie.* » (traduction faite par l'auteur).

[342] Il ne n'agit donc pas du plus haut niveau de protection possible en droit européen (l'annexe IV). Les populations de loups ont augmenté dans le pays, en passant d'une estimation de 463-564 individus en 2001 à environ 2000 individus en 2019. Voir « Liczebność i rozmieszczenie », disponible (en polonais) sur https://www.polskiwilk.org.pl/wilk/liczebnosc-i-rozmieszczenie, consulté le 25 juillet 2021.

les bouleversements politiques causés par l'effondrement de l'Union soviétique dans les années 1990 pour refonder les politiques de gestion et de conservation du loup. Ils ont avancé un argument selon lequel le retour du loup permettrait, en raison d'une cascade trophique[343], de limiter les dégâts causés par les ongulés sauvages aux forêts. Cela étant, l'espèce pourrait être une alliée de l'industrie forestière et les retombées économiques seraient positives. Dans un premier temps, les forestiers n'ont pas pu être convaincus[344]. La plupart étaient des chasseurs, opposés au retour du loup et de surcroît à la réduction de la densité d'ongulés sauvages, ce qui aurait pour effet de menacer le maintien des activités de chasse[345]. Mais dans un second temps, l'argument de la cascade trophique a convaincu les autorités politiques. Par conséquent, à la fin de l'année 1994, de nombreuses régions ont introduit une protection du loup ou ont réduit sa chasse[346]. En mars 1995, la Pologne a signé la convention de Berne et l'a ratifiée en septembre 1995 (avec la même réserve qui avait été émise par l'Espagne, soit que le loup soit inscrit dans l'annexe correspondant aux espèces protégées, et non dans l'annexe correspondant aux espèces strictement protégées)[347]. Jusqu'à l'entrée du pays dans l'Union européenne en 2004, les politiques de conservation de l'espèce ont continué de se renforcer[348]. La redéfinition du régime juridique de l'espèce dans les années 1990 a été permise par un argument que l'on peut assimiler à de l'incitation financière, soit l'intérêt d'un grand prédateur comme *Canis lupus* pour l'industrie

---

[343] Ce concept, en écologie, décrit les conséquences qui découlent des interactions entre les prédateurs et leurs proies. Concernant le loup, la cascade trophique la plus notable s'est produite dans le parc du Yellowstone (États-Unis d'Amérique), où sa réintroduction a permis de limiter les populations d'ongulés sauvages et par voie de conséquence « *de rétablir les équilibres de l'écosystème originel* » (v. Éric NAIM-GESBERT, *Droit général de l'environnement*, *op. cit.*, p. 244).

[344] Krzystof NIEDZIAŁKOWSKI, Renata PUTKOWSKA-SMOTER, « What makes a major change of wildlife management policy possible? Institutional analysis of Polish wolf governance », *PLoS ONE* 15(4), 23 avril 2020, p. 9.

[345] *Ibid.*

[346] *Ibid.*

[347] *Ibid.*

[348] *Ibid.*, p. 10-11.

forestière, ce qui correspond à la définition de la sanction positive telle qu'elle a été formulée par BOBBIO. Deux remarques peuvent être formulées quant à cette étude de cas polonaise.

182. D'une part, l'usage d'incitations financières en matière de conservation de la biodiversité est utilitariste. Il ne doit donc s'agir que d'un outil ampliatif de contribution du droit à la réalisation de cet objectif. Fonder l'entièreté des politiques publiques de conservation de la biodiversité sur cet outil pourrait conduire à un système juridique dans lequel seules les espèces qui apportent un service écosystémique utile seraient l'objet de politiques de conservation. En second lieu, si effectivement les cascades trophiques observées au parc du Yellowstone ou dans la forêt de Białowieża en Pologne sont bien documentées, elles doivent être relativisées par les caractéristiques écologiques propres à ces deux écosystèmes. Ils ont tous deux une superficie très importante mais au contraire une densité de population humaine très faible. Il serait donc difficile d'exporter ces deux succès dans les conditions écologiques propres à l'Espagne, à la France ou à la Suède.

183. En Suède, l'instauration en 1996 de paiements pour les résultats en conservation[349] est un autre exemple de l'intérêt des sanctions positives pour la conservation des grands prédateurs. Il s'agit de payer les éleveurs Sámi de rennes pour chaque reproduction du lynx (*Lynx lynx*) et du glouton (*Gulo gulo*) sur leurs territoires. En 2007, le paiement était de 200,000SEK (soit environ 22,045€) pour chaque reproduction[350]. De plus, des paiements peuvent avoir lieu en cas de présence régulière ou occasionnelle de gloutons (70,000SEK soit environ 7,716€) ou de lynx isolés (35,000SEK soit environ 3,858€)[351]. Les populations des deux espèces sont en augmentation[352]. Concernant les gloutons, le programme a réduit significativement les destructions illégales de femelles adultes,

---

349 En anglais « *conservation performance payments* ».

350 V. « RBAPS - Nature – Environment - European Commission », disponible sur https://ec.europa.eu/environment/nature/rbaps/fiche/conservation-performance-payments-sweden_en.htm, consulté le 9 août 2021.

351 *Ibid.*

352 *Ibid.*

ce qui a permis à la population de plus de doubler en l'espace d'une décennie[353]. Lorsque le programme est devenu effectif en 2002, il y avait eu 57 reproductions, contre 125 en 2012[354]. Un programme de paiements pour le loup a aussi été proposé mais les éleveurs de rennes ne l'ont jamais accepté car aucun montant n'était jugé acceptable. Les montants trop élevés conduiraient les éleveurs de rennes à devenir des éleveurs de prédateurs en suivant une logique de rationalité économique. Il y a donc des limites à ce genre de programme.

184. En effet, si les sanctions positives sont efficaces en théorie, elles traduisent parfois une volonté trop importante de réaliser l'objectif au point de risquer d'outre-passer le débat démocratique nécessaire. L'acceptabilité du risque environnemental peut être fondée sur la compensation[355], mais elle doit demeurer débattue et acceptée démocratiquement. Dans le cas contraire, et dans la mesure où les risques environnementaux en question peuvent bouleverser des activités traditionnelles et culturelles anciennes (comme l'élevage de rennes en Laponie), il est possible que les sanctions positives ne suffisent pas à améliorer l'acceptabilité du risque et qu'elles deviennent même contre-productives en suscitant des contestations.

---

353 Jens PERSSON, Geir R. RAUSET, Guillaume CHAPRON, « Paying for an Endangered Predator Leads to Population Recovery: Paying for predator conservation », *Conservation Letters*, septembre 2015, vol. 8, n° 5, p. 345-350.

354 *Ibid.*, p. 348.

355 Cette méthode est particulièrement utilisée par le juge administratif français dans sa jurisprudence sur le principe de précaution. Éric NAIM-GESBERT parle ainsi d'une « *acceptabilité compensée du risque* » (v. Éric NAIM-GESBERT, *Droit général de l'environnement*, *op. cit.*, p. 117-122). V. également René HOSTIOU, « Vers un nouveau principe général du droit de l'environnement : « le principe protecteur payeur » », *in* Michel PRIEUR, *Pour un droit commun de l'environnement*, Dalloz, 2007, p. 576-575.

CONCLUSION DU CHAPITRE 2

185. La mobilisation de la norme par ses destinataires est un facteur de contribution du droit à la réalisation de l'objectif. La principale de ces mobilisations est la mobilisation contentieuse. De plus, il a été possible d'identifier deux autres types de mobilisations, lesquelles pourraient être davantage utilisées pour amplifier encore ladite contribution.

186. En premier lieu, il s'agit de la sanction de la norme. D'un point de vue du droit administratif, cette dernière est composée de l'invalidation de ses décisions et de l'engagement de sa responsabilité. Si le premier élément est satisfaisant, du fait de l'efficacité du contrôle de la légalité des actes de l'administration, le second élément pourrait être amélioré. À ce sujet, un arrêt de seconde instance espagnol a engagé pour la première fois la responsabilité d'une personne publique, en l'occurrence la communauté autonome de Castille-et-León, pour la destruction illégale de quatre-vingt-onze loups. L'affaire est encore en cours d'instance devant le Tribunal Suprême. D'un point de vue du droit pénal, le contentieux pénal relatif à la protection de l'espèce est peu effectif. Toutefois, la spécialisation des magistrats et l'augmentation des moyens humains pour améliorer la détection des infractions pourrait améliorer cette effectivité.

187. En second lieu, il s'agit de la mobilisation non contentieuse de la norme. Le contentieux associatif est une contribution majeure à la réalisation de l'objectif, mais l'étude de cas de deux mobilisations non contentieuses de la norme en Espagne démontre que ce type de mobilisation est en mesure de contribuer davantage à la réalisation de l'objectif. Dans ces deux exemples espagnols, deux associations ont sollicité de l'administration (la communauté autonome du Pays-Basque, et l'État) qu'elle étende le régime juridique dont bénéficie l'espèce. Par ailleurs, le développement des sanctions positives, soit l'incitation et l'encouragement à l'accomplissement de l'objectif, pourrait permettre une meilleure contribution du droit à la réalisation de l'objectif. Le développement et le succès des politiques de conservation du loup gris en Pologne dans les années 1990, fondés sur une « alliance » entre le prédateur et son apport positif à l'industrie forestière, est un exemple particulièrement pertinent de l'intérêt des sanctions positives.

CONCLUSION DU TITRE II

188. La mobilisation de la norme juridique par ses destinataires est un élément fondamental de contribution du droit à la réalisation de l'état de conservation favorable de l'espèce. Cette mobilisation se produit dans le cadre d'un système normatif européen efficace.

189. En premier lieu, le contentieux de la protection de l'espèce présente un intérêt important. Il est possible grâce à l'accès à la justice des associations de protection de l'environnement. En Suède, où il était d'abord restreint, le droit l'a élargi. De plus, l'interprétation de la norme par le juge permet d'accroître cet accès, mais aussi le régime de protection de l'espèce ainsi que la difficulté d'y déroger. Cela étant, le contentieux associatif a pu se déployer. Son analyse quantitative en France et en Suède a démontré qu'environ 25% des décisions soumises au contrôle de légalité du juge ont été annulées en Suède, contre environ 60% des décisions en France. Ces annulations ont eu un impact sur les destructions annuelles de loups, ce qui a permis à l'espèce de se développer. Cette analyse quantitative doit toutefois être relativisée, principalement en raison de l'impossibilité d'établir si un jugement a réellement permis d'éviter la destruction d'un loup donné. Partant, la question de l'urgence à juger de la légalité d'une décision donnée s'est posée. Notre analyse quantitative appliquée au référé-suspension en France, une procédure spécialement créée pour juger dans l'urgence, prouve son efficacité mais démontre également qu'il serait bénéfique que la condition préalable de l'urgence soit présumée.

190. En deuxième lieu, il existe certains indices dans le droit positif qui permettent de supposer que certaines formes de mobilisations de la norme, actuellement peu exploitées, pourraient contribuer à la réalisation de l'objectif. Il s'agit d'une part de la sanction de la norme, notamment à travers la responsabilisation de la puissance publique en cas d'atteinte illégale à une espèce protégée et l'amélioration de l'effectivité de la protection pénale de l'espèce protégée. D'autre part, les associations sont efficaces lorsqu'elles mènent des actions positives consistant à étendre le régime juridique applicable à l'espèce. Mais encore, les sanctions positives, définies comme l'incitation ou l'encouragement à la réalisation de l'objectif, pourraient être un facteur de contribution supplétif à la réalisation de l'objectif, en participant à améliorer son acceptabilité sociale.

CONCLUSION DE LA PARTIE II

191. La plus importante contribution du droit à la réalisation de l'objectif a été son insertion dans un système normatif européen efficace. Cela étant, la deuxième partie de notre ouvrage a identifié deux types de facteurs de contribution particuliers. De prime abord, il a été possible d'identifier des facteurs de contribution extra-juridiques à la réalisation de l'objectif. Néanmoins, l'intégration dans le cadre d'une analyse juridique de tels savoirs externes est complexe d'un point de vue épistémologique et méthodologique. Leur étude nécessitera des recherches ultérieures approfondies, mais nous avons présenté quelques obstacles méthodologiques relatifs à notre étude de cas. Il a été difficile de mesurer les facteurs de contribution, mais aussi de départager ces parts distinctes de contribution entre elles. Ainsi, la sociologie de l'environnement permet de mesurer l'acceptabilité sociale de l'espèce et l'étude de ses caractéristiques écologiques et biologiques permet d'identifier certaines contributions importantes à la réalisation de l'objectif.

192. Par ailleurs, la mobilisation de la norme par ses destinataires constitue un facteur de contribution particulier. Une étude quantitative du contentieux associatif en France et en Suède a démontré qu'il s'agit d'une mobilisation efficace de la norme, car il a eu un impact important d'une part sur la sanction de l'administration par l'invalidation de certaines de ses décisions illégales et d'autre part sur les destructions annuelles de loups. L'efficacité de ce contentieux nécessite en outre que les associations aient préalablement un accès à la justice élargi. De même, l'interprétation téléologique de la norme par le juge participe à amplifier l'intérêt du contentieux pour la réalisation de l'objectif. Nonobstant, certaines mobilisations de la norme ne sont pas suffisantes. C'est d'abord le cas de la sanction de la norme et particulièrement de la responsabilisation de la puissance publique lorsqu'elle porte atteinte à une espèce protégée. De même, la réponse pénale relative à la protection pénale de l'espèce est insuffisante. Enfin, les normes peuvent aussi être efficacement mobilisées et d'une manière non contentieuse. Par les associations d'abord, qui peuvent agir positivement en exigeant de l'administration qu'elle étende le droit afin de réaliser l'objectif. Mais aussi par le développement de sanctions positives comme la prise en considération des services écosystémiques rendus par la biodiversité. Ces sanctions contribuent, en outre, à l'amélioration de l'acceptabilité sociale de l'espèce.

CONCLUSION GÉNÉRALE

« *La directive Habitats, en tant qu'instrument de la politique environnementale de l'Union européenne, a contribué à améliorer considérablement la biodiversité — et à prévenir de nouvelles dégradations —. Toutefois, des défis environnementaux majeurs subsistent !* » [356]

193. La problématique de notre recherche était la suivante : *Comment le droit en tant que système juridique a-t-il contribué à la réalisation de cet objectif politique européen ? De plus, dans quelle mesure le droit est-il la cause du succès de cette réalisation ?*

194. Quant à la première question, l'enseignement principal de notre recherche est que le droit a contribué à réaliser l'objectif de conservation du loup gris en établissant un système normatif orienté vers sa réalisation. Le droit de l'environnement a la capacité de répondre à une urgence environnementale telle que la crise de la biodiversité. Cette réalisation a eu lieu en deux temps.

195. Dans un premier temps, l'objectif a été juridicisé. C'est en droit international de la biodiversité, lequel s'est lentement formé à compter de la seconde moitié du XIXe siècle, que l'on

---

[356] « *The Habitats Directive, as the environmental policy in the European Union, has contributed to substantial improvements — and prevented further degradation — to biodiversity. However, major environmental challenges remain!* » (traduction faite par l'auteur), v. Carlos ROMÃO, « The added value of the Habitats Directive — Is biodiversity better protected since the Directive entered into force? », *in* Charles-Hubert BORN, An CLIQUET, Hendrik SCHOUKENS, Delphine MISONNE et Geert VAN HOORICK (Ed.), *The Habitats Directive in its EU Environmental Law Context: European Nature's Best Hope?*, Routledge, 2015, n°2, p. 27.

retrouve la genèse de l'objectif. Lorsqu'est né l'enjeu moderne de conservation de la biodiversité, à la suite de la prise en considération scientifique de sa crise, le droit international de la biodiversité, déjà mature, a été le premier à énoncer l'objectif de sa conservation par le droit. En revanche, souffrant de certaines limites nécessaires en ce qu'elles tiennent de ce qu'est le droit international (notamment du respect de la souveraineté des États, ce qui oblige d'énoncer des normes générales et souples pour établir des consensus), le droit européen s'est affirmé comme un échelon plus adéquat pour réaliser efficacement l'objectif.

196. C'est alors que l'objectif a été traduit juridiquement par la directive dite « Habitats ». Plus précisément, il s'agit de la traduction juridique d'un objectif initialement scientifique, soit l'état de conservation favorable de l'espèce. Le processus de traduction et de définition de l'objectif est en lui-même un premier facteur de contribution à sa réalisation. En effet, certaines caractéristiques qui lui sont propres, particulièrement la sophistication de sa définition et le fait d'associer une échéance à sa réalisation, sont des facteurs de contribution importants. Le processus de juridicisation de l'objectif n'est donc pas qu'une simple déclaration ou énonciation par le droit de ce dernier. Cela étant, l'objectif désormais traduit a été inséré dans l'ordre juridique européen. Ce dernier s'est imposé, affirmé comme étant un ordre juridique adéquat pour le réaliser, prenant la place laissée par le droit international. L'étude de ce système normatif permet de mettre en exergue deux caractéristiques. D'une part, l'architecture institutionnelle de l'Union européenne, soit ce qu'elle est ontologiquement, indépendamment de l'objectif, contient plusieurs facteurs qui contribuent à le réaliser. Il s'agit de facteurs qui favorisent la portée du droit européen (le principe de primauté et l'effet direct), ainsi que de la sanction de la violation de la norme européenne, et particulièrement du recours en manquement et de l'utilisation qui en est faite par la Commission européenne. D'autre part, et d'une manière plus directement liée à la réalisation de l'objectif, le système normatif européen a institué un régime juridique de protection de la faune sauvage, applicable entre autres espèces au loup gris, avec la directive

Habitats. Ce régime juridique, équilibré et rigoureux, institue un régime de protection mais aussi la possibilité, stricte, d'y déroger. Il a par la suite été transposé dans des conditions différentes et a eu un apport différent dans chacun des trois pays de notre étude, mais cette transposition a eu un intérêt pour chacun d'entre eux.

197. Au sein de ce macro-système normatif européen, il a été possible d'identifier un facteur de contribution particulièrement déterminant, soit la mobilisation de la norme par ses destinataires. En particulier, une étude quantitative comparée du contentieux associatif entre la France et la Suède démontre un apport important de cette forme de mobilisation. En outre, la contribution de ce facteur est mesurable quantitativement, il est alors possible de mesurer le taux d'annulation de décisions illégales obtenu ou encore d'observer l'impact annuel du contentieux sur les destructions annuelles de loups. Cette contribution est amplifiée par l'interprétation téléologique de la norme et permise par l'accès à la justice des associations de protection de l'environnement. Son efficacité pourrait en revanche être améliorée si l'appréhension contentieuse de l'urgence était meilleure. Il a été impossible de le mesurer dans le cadre de notre évaluation quantitative, mais l'efficacité du contentieux est limitée par le risque qu'un jugement donné n'intervienne qu'après l'exécution de la décision administrative dont la légalité est contrôlée par ledit jugement. Au contraire du contentieux, certaines formes de mobilisation de la norme ne sont pas suffisamment exploitées et pourraient l'être davantage, à l'instar de la sanction de la violation de la norme (par la responsabilisation de la puissance publique et le renforcement de l'effectivité du droit pénal de la biodiversité) ainsi que de la mobilisation non contentieuse de la norme (soit l'action des associations pour l'extension du régime juridique de l'espèce et le développement de sanctions positives, lesquelles améliorent l'acceptabilité sociale et la réalisation l'objectif par le biais de l'encouragement et de l'incitation).

198. Ce premier enseignement de notre recherche est fondamental en ce qu'il démontre que le droit est en mesure de répondre aux urgences environnementales qui se posent, en l'espèce la crise de la biodiversité. Si la conservation du loup gris est encore imparfaite, par exemple du fait de son extinction dans le sud de l'Andalousie ou de la consanguinité importante de la population lupine suédoise, notre recherche démontre que le droit a permis et a contribué au retour de l'espèce dans les trois pays de notre étude. Des recherches ultérieures sont toutefois nécessaires quant à la nature aux indicateurs qui permettraient de mesurer avec précision son efficacité. Par ailleurs, de telles recherches pourraient également s'interroger sur l'éventuelle transposition de la contribution du droit à la conservation du loup gris à d'autres espèces ou à d'autres matières du droit de l'environnement, comme le droit du changement climatique.

199. Quant à la seconde question, l'apport de notre recherche est double. En premier lieu, il est difficile de mesurer quantitativement la part de contribution de chacun des facteurs de contribution identifiés. La part d'analyses qualitatives reste donc importante. Nous pouvons seulement observer qu'un macro-système normatif, lequel est composé de plusieurs micro-facteurs de contribution, est orienté vers la réalisation de l'objectif. Hiérarchiser ces facteurs entre eux n'est pas aisé. Toutefois, la mobilisation de la norme par ses destinataires se distingue particulièrement au sein de ces micro-facteurs de contribution. En second lieu, notre recherche a démontré qu'intégrer des savoirs externes dans le cadre d'une analyse juridique revêt un intérêt certain. Cela permet d'éviter d'attribuer des relations de causalité erronées à des facteurs donnés, qu'ils soient juridiques ou extra-juridiques. Par exemple, l'étude de la capacité de dispersion naturelle de l'espèce a permis de découvrir que ce facteur explique la réapparition en France en 1992 et son retour en Suède en 1995, alors que ces deux dates correspondent à des sanctions juridiques (l'adoption de la directive Habitats en 1992 et l'entrée de la Suède dans l'Union en 1995). Une telle intégration pose toutefois de nombreuses questions épistémologiques et méthodologiques, en partie soulevées par notre étude de cas et auxquelles nous n'avons que modestement contribué à répondre. Cet aspect épistémologique de notre recherche appelle à la réalisation de recherches plus approfondies.

200. Les savoirs externes au droit pour expliquer la réalisation de l'objectif de conservation du loup gris que nous avons retenus relèvent de la sociologie, de l'écologie et de la biologie. Ces trois sources de savoirs extra-juridiques ont été retenues en raison de leur contribution importante à la réalisation de l'objectif. Elles ne sont certes pas les seules sources extra-juridiques de contribution, mais il a été préférable de limiter le caractère interdisciplinaire de notre recherche de manière à prévenir une confusion des savoirs. La sociologie permet de mesurer l'acceptabilité sociale de l'espèce, laquelle est un facteur de contribution important. Mais encore, l'acceptabilité sociale est une illustration adéquate de la difficulté de mesurer précisément, même avec une approche qualitative, l'apport précis d'un facteur de contribution. En effet, l'acceptabilité sociale de l'espèce varie dans le temps, dans l'espace et selon la culture politique des États. Sa mesure est complexe en ce sens que l'acceptabilité sociale de l'espèce est la résultante d'une multitude de facteurs conjoncturels et politiques. Par ailleurs, l'étude des facteurs naturels propres l'espèce, à savoir l'écologie et la biologie de l'espèce, a permis de découvrir plusieurs facteurs de contribution essentiels. Par exemple, le loup gris a une dispersion naturelle importante et sait s'adapter à des milieux variés. Cela a pour intérêt de ne pas rendre nécessaire la réalisation de mesures de réintroduction de l'espèce. De plus, il est des grands carnivores celui qui est le moins sujet au dérangement d'origine anthropique. Il a également un potentiel reproducteur largement supérieur aux autres grands carnivores, ce qui lui assure une croissance plus importante que ces dernières, à moins que les taux de mortalité ne soient pas les mêmes.

BIBLIOGRAPHIE

I. Dictionnaires, encyclopedies et sites internets essentiels

Denis ALLAND, Stéphane RIALS, *Dictionnaire de la culture juridique*, PUF, Paris, 2003.

Gérard CORNU, *Vocabulaire juridique*, 12e éd., PUF, Paris, 2018.

Centre National de Ressources Textuelles et Lexicales : https://www.cnrtl.fr.

Dictionnaire en ligne Le Robert : https://www.lerobert.com.

Conseil de l'Europe : https://www.coe.int/fr/web/portal/home.

Conseil européen, Conseil de l'Union européenne : https://www.consilium.europa.eu/fr/.

Commission européenne : https://ec.europa.eu/environment/index_fr.

Parlement européen : https://www.europarl.europa.eu/portal/fr.

Eur-lex, portail du droit de l'Union européenne : https://eur-lex.europa.eu/homepage.html?locale=fr.

Naturvårdsverket (agence suédoise de protection de l'environnement) : https://www.naturvardsverket.se.

Page de la « mission loup », menée par le Préfet de la Région Auvergne-Rhône-Alpes, Préfet coordonnateur du Plan national d'action sur le loup et les activités d'élevage : http://www.auvergne-rhone-alpes.developpement-durable.gouv.fr/mission-loup-r1323.html.

Site du réseau Loup-Lynx (OFB) : https://www.loupfrance.fr/le-loup/.

Site de l'association ASCEL : https://loboiberico.com.

Site de l'association ASPAS : https://www.aspas-nature.org.

Site de l'association FERUS : https://www.ferus.fr.

Site de l'association Naturskyddsföreningen : https://www.naturskyddsforeningen.se.

Sites du projet de recherche *Claws & Laws :* http://www.clawsandlaws.eu et http://www.clawsandlaws.org.

Site du Pr. Jan DARPÖ : http://jandarpo.se.

II. Ouvrages, manuels et traites

Gaston Bachelard, *La formation de l'esprit scientifique*, 5e éd., Librairie philosophique J. Vrin, Paris, 1967.

Sophie Baziadoly, *La politique européenne de l'environnement*, Bruylant, coll. « Droit(s) et développement durable », 2014.

Marc Blanquet, *Droit général de l'Union européenne*, 11e éd., Dalloz, coll. Sirey, Paris, 2018.

Claude Blumann, Louis Dubouis, *Droit matériel de l'Union européenne*, 8e éd., LGDJ, coll. « Précis Domat », Paris, 2020.

Claude Blumann, Louis Dubouis, *Droit institutionnel de l'Union européenne*, 7e éd., LexisNexis, Paris, 2020.

Philippe Billet, Éric Naim-Gesbert (dir.), *Les grands arrêts du droit de l'environnement*, Dalloz, coll. « Grands Arrêts », Paris, 2017.

Norberto Bobbio, *Essais de théorie du droit*, Bruylant LGDJ, coll. « La pensée juridique », Paris, 1998.

Chantal Cans, Olivier Cizel (dir.), *Loi biodiversité, ce qui change en pratique*, Editions Legislatives, 2017.

Rachel Carson, *Silent spring*, Houghton Mifflin, 1962.

Annie Charlez, *Le droit de la chasse*, Editions France Agricole, 2015.

Véronique Champeil-Desplats, *Méthodologie du droit et des sciences du droit*, 2e éd., Dalloz, coll. « Méthodes du droit », Paris, 2016.

Marie-Anne Cohendet, *Les épreuves en droit public*, Montchrestien, 2009.

Christel Cournil (dir.), *Les grandes affaires climatiques*, Aix-en-Provence, Confluence des droits [en ligne], 2020.

David Mech, Luigi Boitani (dir.), *Wolves : Behavior, Ecology and Conservation*, The University of Chicago Press, 2003.

Jonas Ebbesson, *Miljörätt*, 4 :e upplagan, iUSTUS, Uppsala, 2021.

Agustín Garcia Ureta, *Derecho europeo de la biodiversidad*, Iustel, 2010.

Esther Hava Garcia, *Protección jurídica de la fauna y flora en España*, Trotta, coll. « Estructuras y procesos », 2000.

Hans Kelsen (traduction Charles Eisenmann), *Théorie pure du droit*, LGDJ Bruylant, coll. « La pensée juridique », Paris, 1999.

Charles Alexandre Kiss et al., *L'écologie et la loi*, l'Harmattan, Paris, 1989.

David Langlet, Said Mahmoudi, *EU Environmental Law and Policy,* Oxford University Press, 2016.

Emma LEES, Jorge E. VIÑUALES, *The Oxford handbook of comparative environmental law*, Oxford handbooks, Oxford, United Kingdom, Oxford University Press, 2019.
Pierre LEGRAND, *Comparer les droits, résolument*, PUF, Paris, 2009.
Jehan de MALAFOSSE, *Droit de la chasse et protection de la nature*, PUF, Paris, 1979.
Xavier MAGNON, *Théorie(s) du droit*, Ellipses, coll. « Universités Droit », Paris, 2008.
Éric MILLARD, *Théorie générale du droit*, Dalloz, coll. « Connaissances du droit », Paris, 2006.
Jacqueline MORAND-DEVILLER, *Le droit de l'environnement*, 12e éd., Que sais-je ?, PUF, Paris, 2019.
Jean-Marc MORICEAU, *Histoire du méchant loup : 10 000 attaques sur l'homme en France (XVe-XXIe siècle)*, Fayard, 2016.
Éric NAIM-GESBERT, *Droit général de l'environnement*, 3e éd., LexisNexis, Paris, 2019.
François OST, Michel van de KERCHOVE, *De la pyramide au réseau ? Pour une théorie dialectique du droit*, Bruxelles, Publications des Facultés universitaires Saint-Louis, 2002.
François OST, *La nature hors la loi, L'écologie à l'épreuve du droit*, La Découverte, 2003.
Karl R. POPPER (traduction Philippe DEVAUX), *La logique de la découverte scientifique*, Payot, 2017.
Michel PRIEUR (dir.), *Les indicateurs juridiques, Outils d'évaluation de l'effectivité du droit de l'environnement*, Institut de la Francophonie pour le Développement Durable, 2018.
Michel PRIEUR et al., *Droit de l'environnement*, Dalloz, 8e éd., Paris, 2019.
Raphaël ROMI, *Droit de l'environnement et du développement durable*, 10e éd., LGDJ, 2018.
Raphaël ROMI, *Méthodologie de la recherche en droit*, LexisNexis, 3e éd., Paris, 2019.
Ève TRUILHE-MARENGO, *Droit de l'environnement de l'Union européenne*, Larcier, coll. « Paradigme », 2015.
María Asunción TORRES LOPEZ, Estanislao ARANA GARCIA (dir.), *Derecho ambiental (adaptado al EEES)*, Tecnos, 2nde éd., 2015.
Agathe VAN LANG, *Droit de l'environnement*, PUF, 4e éd., coll. « Thémis », Paris, 2016.
Alexandre VIALA, *Philosophie du droit*, Ellipses, 2nde éd., coll. « Cours magistral », 2019.
Konrad ZWEIGERT, Hein KÖTZ, *An introduction to Comparative Law*, 3e éd., Oxford, 1998.

III. THESES ET MEMOIRES

Caroline BUEB, *Le cadre juridique communautaire de la protection des habitats et des espèces*, thèse, droit, Paris X-Nanterre, 2002.

François de BEAUFORT, *Écologie historique du loup, Canis lupus I, 1758 en France*, thèse, écologie, Rennes I, 1988.

Julien BÉTAILLE, *Les conditions juridiques de l'effectivité de la norme en droit public interne, illustrations en droit de l'urbanisme et en droit de l'environnement*, thèse, droit, dactyl., Limoges, 2012.

Francis CABALLERO, *Essai sur la notion juridique de nuisance*, LGDJ, thèse, droit, 1981.

Coralie COURTAIGNE-DESLANDES, *L'adéquation du droit pénal à la protection de l'environnement*, thèse, Paris II, 2010.

Odile DELFOUR, *La conservation des espèces menacées d'extinction. Étude de droit comparé*, thèse, droit, Paris I, 1998.

Myriam FRITZ-LEGENDRE, *La protection de la biodiversité en droit international et en droit comparé ; vers un renforcement de la dimension préventive du droit de l'environnement*, thèse, droit, Dijon, 1997.

Kristin Evensen GANGÅS, *Attitudes towards large carnivores and acceptance of illegal hunting - The importance of social attitudes and scales in large carnivore management*, thèse, écologie, Hedmark : Faculty of Applied Ecology and Agricultural Sciences, 2014.

Simon JOLIVET, *La conservation de la nature transfrontalière*, thèse, droit, Limoges, 2014.

Jens KARLSSON, *Management of Wolf and Lynx Conflicts with Human Interests*, thèse, écologie, Uppsala : Swedish University of Agricultural Sciences, 2007.

Viviane LEVY-BRUHL, *La protection de la faune sauvage en droit français*, thèse, droit, Lyon III, 1992.

Xavier LOUBERT-DAVAINE, *Loups et Droit*, Les cahiers du CRIDEAU, n°10, PULIM, mémoire, droit, 2004.

Julie LOUVRIER, *Modélisation statistique de la distribution des grands carnivores en Europe*, thèse, écologie, Montpellier : Unité de recherche Centre d'Écologie Fonctionnelle et Évolutive, 2018.

Adeline MEYNIER, *Réflexions sur les concepts en droit de l'environnement*, thèse, droit, Lyon III, 2017.

Pauline MILON, *Analyse théorique du statut juridique de la nature*, thèse, droit, Aix-Marseille, 2018.

Éric NAIM-GESBERT, *Les dimensions scientifiques du droit de l'environnement : contribution à l'étude des rapports de la science et du droit*, thèse, droit, Lyon III, Bruxelles, Bruylant, 1999.

Rémi RADIGUET, *Le service public environnemental*, thèse, droit, Toulouse I, 2016.
Thibault SOLEILHAC, *Le temps et le droit de l'environnement,* thèse, droit, Lyon III, 2006.
Aline TREILLARD, *L'appréhension juridique de la nature ordinaire*, thèse, droit, Limoges, 2019.
Jean UNTERMAIER, *La conservation de la nature et le droit public*, thèse, droit, Lyon, 1972.

IV. MELANGES

Jérôme FROMAGEAU, *Un patrimoine vivant, entre nature et culture*, Mare et Martin, 2019.
Alexandre Charles KISS, *Les hommes et l'environnement*, Frison-Roche, Paris, 1998.
Jehan de MALAFOSSE, *Mélanges, Entre nature et humanité*, LexisNexis, Paris, 2016.
Jacqueline MORAND-DEVILLER, *Confluences*, Montchrestien, Paris, 2007.
Michel PRIEUR, *Pour un droit commun de l'environnement*, Dalloz, Paris, 2007.
Jean UNTERMAIER, « *Des petits oiseaux aux grands principes* », Mare et Martin, 2018.

V. CONTRIBUTION A DES OUVRAGES COLLECTIFS, ACTES DE COLLOQUES

Actes du colloque « Le droit pénal peut-il sauver l'environnement ? » du 5 mars 2020, publiés dans les *Annales de l'Institut de criminologie et de sciences pénales Roger Merle*, Presses de l'Université Toulouse I Capitole, vol. n°2, 2021.
Julien BÉTAILLE (dir.), *Le droit d'accès à la justice en matière d'environnement*, Presses de l'Université Toulouse 1 Capitole, 2016.
Julien BÉTAILLE, « Droit de l'environnement, instrument de transformation : tentative d'approche dialectique », *in* Delphine MISONNE (dir.), *À quoi sert le droit de l'environnement ?, Réalité et spécificité de son apport au droit et à la société*, Bruylant, 2019, p. 53-76.

Julien BÉTAILLE, « Des droits pour la nature, un nouveau mirage juridique », *in* Mathieu TOUZEIL-DIVINA (dir.), *L'Arbre, l'Homme & le(s) droit(s), Revue Méditerranéenne de Droit public*, Volume X, Editions L'Epitoge, 2019, p. 77-87.

Luigi BOITANI, John D. C. LINNELL, « Bringing Large Mammals Back: Large Carnivores in Europe », *in* H.M. PEREIRA et L.M. NAVARRO (éds.), *Rewilding European Landscapes*, Cham, Springer International Publishing, 2015, p. 67-84, disponible sur https://link.springer.com/chapter/10.1007%2F978-3-319-12039-3_4, consulté le 7 juin 2021.

Olivera BOSKOVIC (dir.), *L'efficacité du droit de l'environnement, Mise en œuvre et sanctions*, Dalloz, 2010.

Marie-Pierre CAMPROUX-DUFFRENE, MICHEL DUROUSSEAU (dir.), *La protection de la nature, 30 ans après la loi du 10 juillet 1976*, Presses Universitaires de Strasbourg, 2007.

Marc CLEMENT, « Global objectives and scope of the Habitats Directive — What Does the obligation of result mean in practice? The European hamster in Alsace », *in* Charles-Hubert BORN, An CLIQUET, Hendrik SCHOUKENS, Delphine MISONNE et Geert VAN HOORICK (Ed.), *The Habitats Directive in its EU Environmental Law Context: European Nature's Best Hope?*, Routledge, 2015, n°1.

Jan DARPÖ, « Gabriel och vargen – Om genomförandet av internationella och EU-rättsliga förpliktelser om artskydd i Sverige », *in Miljörätten och den förhandlingsovilliga naturen : Vänbok till Gabriel MICHANEK*, éd. Jan DARPÖ et al. (Iustus Förlag, 2019).

Gonçalo FERRÃO DA COSTA et al., « The Indirect Impacts of Wind Farms on Terrestrial Mammals: Insights from the Disturbance and Exclusion Effects on Wolves (Canis lupus) », *in* M. Mascarenhas *et al.* (éds.), *Biodiversity and Wind Farms in Portugal*, Cham, Springer International Publishing, 2018, p. 111-134.

Catherine HAGUENAU-MOIZARD, « Le droit communautaire », *in* Olivera BOSKOVIC (dir.), *L'efficacité du droit de l'environnement, Mise en œuvre et sanctions*, Dalloz, 2010, p. 93-107.

Gabriel MICHANEK, « Stricly Protected European Wolf Meets Swedish Hunter with Licence to Kill », *in* Pro Natura: Festskrift till Hans Christian Bugge / [ed] Inge Lorange Backer, Ole Kristian Fauchald, Christina Voigt, Oslo: Universitetsforlaget, 2012, p. 323-345.

Gabriel MICHANEK, « Artskyddet, Politiken och juridiken », *in Bertil Bengtsson 90 år* (Stockholm: Jure, 2016), p. 383-398.

Carlos ROMÃO, « The added value of the Habitats Directive — Is biodiversity better protected since the Directive entered into force? », *in* Charles-Hubert BORN, An CLIQUET, Hendrik SCHOUKENS, Delphine MISONNE et Geert VAN HOORICK (Ed.), *The Habitats Directive in its EU Environmental Law Context: European Nature's Best Hope?*, Routledge, 2015, n°2.

Nicolas de SADELEER, « European Union », *in* Elisa MORGERA and Jona RAZZAQUE, *Biodiversity and nature protection law*, Elgar Encyclopedia of Environmental Law, vol. III, 2017, p. 417-428.

Hendrik SCHOUKENS, Kees BASTMEIJER, « Species Protection In The European Union: How Strict Is Strict? », *in* Charles-Hubert BORN, An CLIQUET, Hendrik SCHOUKENS, Delphine MISONNE et Geert VAN HOORICK (Ed.), *The Habitats Directive in its EU Environmental Law Context: European Nature's Best Hope?*, Routledge, 2015, n°8.

Staffan WESTERLUND, « Planning and Environmental law », *in* Stig STRÖMHOLM (dir.), *An Introduction to Swedish Law*, Norstedts, 2nde éd., 1988, Stockholm, p. 449-469.

VI. ARTICLES

I. Méthodologie de droit comparé et de recherche

Julien BÉTAILLE, « La doctrine environnementaliste face à l'exigence de neutralité axiologique : de l'illusion à la réflexivité », *Rev. jur. env.*, n° spécial 2016, p. 20.

Jan DARPÖ, Annika NILSSON, « On the Comparison of Environmental Law », From Miljøretlige emner. Festskrift till Ellen Margrethe Basse, JØF, 2008, p. 261.

Uwe KISCHEL, « La méthode du droit comparé, l'approche contextuelle », *RIDC*, avril 2016.

Boris MIRKINE-GUETZEVITCH, « Les méthodes d'étude du droit constitutionnel comparé », *RIDC, d*écembre 1949, vol. 1, n°4, p. 397-417.

Elisa MORGERA, « Global Environmental Law and Comparative Legal Methods: Global Environmental Law and Comparative Legal Methods », *Review of European, Comparative & International Environmental Law*, novembre 2015, vol. 24, n° 3, p. 254-263.

II. Droit espagnol

Teresa FAJARDO DEL CASTILLO, « Wolf (Dis)Protection In Spain: Exceptions To The Rules In The Bern Convention And In The Habitats Directive As A Conservation And Management Tool », *Revista Catalana De Dret Ambiental*, Vol. XII, Núm. 1 (2021): 1 – 47.

Lidia GARCIA MARTIN, « Régimen jurídico para la protección del lobo ibérico », *Revista Aranzadi de derecho ambiental*, n°37, 2017, p. 259-291.

Agustín GARCIA URETA, « Consideraciones sobre el régimen jurídico de la unión europea e internacional de aplicación al lobo (Canis lupus) y su traslación al derecho español », *Actualidad Jurídica Ambiental*, 2021, n° 111.

III. Droit français et européen

Gaëlle AUDRAIN-DEMEY, « Le loup : de la protection des troupeaux à la régulation de l'espèce », *Rev. jur. env.*, 2016, vol. 41, n° 2, p. 234-252.

Luc ABBADIE, « L'effondrement de la biodiversité, jusqu'où ? », *Rev. jur. env.*, vol. 43, n°3, 2018, p. 455-457.

Christelle BALLANDRAS-ROZET, « Quelle effectivité pour les référés-environnement ? », *Rev. jur. env.*, février 2016, vol. 41, p. 253-268.

Julien BÉTAILLE, « Répression et effectivité de la norme environnementale », *Rev. jur. env.*, 2014, vol. 39, n° 1, p. 47-59.

Julien BÉTAILLE, « L'ours dans les Pyrénées : la carence fautive de l'Etat dans la mise en oeuvre de la directive Habitats », *AJDA*, 2018, p. 2344.

Julien BÉTAILLE, Antoine GATET, « Legal Analysis of the Main Sources of Interpretation of the Access to Justice Rights in France », Projet « Access to Justice for a Greener Europe » (ATOJ EARL), ClientEarth, juillet 2018.

Julien BÉTAILLE, « Rights of Nature: why it might not save the entire world », *JEEPL*, vol. 17: Issue 1, 27 mars 2019.

Julien BÉTAILLE, « La directive oiseaux quarante ans après : des résultats encourageants et des espoirs à concrétiser », *RSDA*, 2/2020, p. 305-336.

Jean-Pierre BEURIER, « Le droit de la biodiversité », *Rev. jur. env.*, 1996, vol. 21, n° 1, p. 528.

Philippe BILLET, « Une fin de loup », *Environnement*, novembre 2014, p. 4.

Corinne BOHBOT, « Les battues administratives aux loups mises en échec par la Convention de Berne », *Rev. jur. env.*, 1999, vol. 24, n° 3, p. 391-415.

Pierre BRUNET, « Alf Ross et la conception référentielle de la signification en droit », *Droit et société*, 2002, n° 1, p. 19-29.

Francis CABALLERO, « Le Conseil d'Etat, ennemi de l'environnement ? », *Rev. jur. env.*, 1984, vol. 9, n° 1, p. 342.

Chantal CANS, « La superposition des statuts protecteurs : un atout pour la diversité biologique ! », *Rev. jur. env.*, 2008, vol. 33, n° 1, p. 149-166.

Chantal CANS, « La protection de la nature dans la loi portant engagement national pour l'environnement, ou comment picorer dans une loi pour reconstruire une génétique des normes », *Rev. jur. env.*, 2010, vol. 35, n° 1, p. 95-113.

Guillaume CHAPRON, Gavin MARFAING et Julien BETAILLE, « Patterns of litigation in France during two decades of recovery of a large carnivore », pre-print, octobre 2022: https://www.biorxiv.org/content/10.1101/2022.10.11.511781v1.

Jacques CHEVALLIER, « La place de l'administration dans la production des normes », *Droit et société*, 2011.

Marie-Anne COHENDET, « Le droit répressif, quelles valeurs, quelles frontières ? », *Rev. jur. env.*, 2014, vol. 39, n° 1, p. 17-32.

Amélia CROZES, « La place de l'anthropocentrisme dans la notion « d'espèce nuisible » : état des lieux et évolutions d'un statut fonctionnel », *Rev. jur. env.*, 2018/4, vol. 43, p. 693-718.

Jan DARPÖ, « The Last Say?: Comment on CJEUs Judgement in the Tapiola Case (C- 674/17) », *Journal for European Environmental & Planning Law*, 2020, p. 117-130.

Bernard DROBENKO, « La Convention d'Aarhus et le droit français », *Rev. jur. env.,* numéro spécial « La Convention d'Aarhus », 1999, p. 31-61.

Michel DUPONT, Raymond FERRETTI, « L'action des communautés européennes en matière d'environnement de novembre 1975 à juin 1977 », *Rev. jur. env.*, 1977, vol. 4, p. 364-371.

Michel DUROUSSEAU, « Le constat : la biodiversité en crise », *Rev. jur. env.*, 2008, vol. 33, n° 1, p. 11-19.

Yaffa EPSTEIN, « The Habitats Directive and Bern Convention: Synergy and Dysfunction in Public International and EU Law », *The Georgetown International Environmental Law Review,* Vol. 26, 2014, p. 139-172.

Yaffa EPSTEIN, Sari KANTINKOSKI, « Non-Governmental Enforcement of EU Environmental Law: A Stakeholder Action for Wolf

Protection in Finland », *Frontiers in Ecology and Evolution*, vol. 8, art. 101, 2020.

Yaffa EPSTEIN, Hendrik SCHOUKENS, « A Positivist Approach to Rights of Nature in the European Union », *Journal of Human Rights and the Environment*, 12(2), septembre 2021 (à paraître).

Muriel FALAISE, « La gestion des grands prédateurs en Europe : la situation du loup », *Revue de l'Union européenne*, 2015, p. 119.

Christian HUGLO, « Le contentieux de l'environnement, nouvelles dimensions, nouvelles stratégies », *Rev. jur. env.*, 1995, vol. 20, n° 1, p. 77-88.

Véronique JAWORSKI, « La protection pénale de la biodiversité, *Rev. jur. env.*, 2008, H-S.

Yves JEGOUZO, « Le juge administratif et l'ordonnancement du droit de l'environnement », *Rev. jur. env.*, 2004, vol. 29, n° 1, p. 19-30.

Yves JEGOUZO, « L'évolution des instruments en droit de l'environnement », *Pouvoirs*, n° 127, Paris, Seuil, 2008.

Simon JOLIVET, « De la survie des espèces menacées d'extinction à la lutte contre le déclin des populations. Réflexions sur l'efficacité du statut d'espèce protégée à partir du cas de la faune sauvage », *Rev. jur. env.*, 2020, vol. 45, n° 2020/1, p. 101-121.

SABINE LAVOREL, « Le rôle des juges dans l'émergence d'une responsabilité climatique des Etats », *Rev. jur. env..*, 2021, vol. 46, n°2021/1, p. 37-62.

Yann LEROY, « La notion d'effectivité du droit », *Droit et société*, 2011, n° 3, p. 715.

Jehan de MALAFOSSE, « Chasse et Nature, Europe et décentralisation », *Rev. jur. env.*, 1981, vol. 6, n° 4, p. 305-313.

Gilles J. MARTIN, « Les angles morts de la doctrine juridique environnementaliste », *Rev. jur. env.*, 2021, vol. 45, n°2020/1, p. 67-80.

Adeline MEYNIER, « La notion de mouvement en droit de l'environnement », *Rev. jur. env.*, 2016, vol. 41, n° 3, p. 425-438.

Éric NAIM-GESBERT, « Maturité du droit de l'environnement », *Rev. jur. env.*, 2010/2, vol. 35, p. 231-240.

Éric NAIM-GESBERT, « L'accord du nom et de la chose, initium du droit de l'environnement », *Rev. jur. env.*, 2016, vol. 41, n° 1, p. 15-19.

Éric NAIM-GESBERT, « Tuer ou ne pas tuer le loup ? Vues sur l'arrêt *Tapiola :* le sauvage en question », *Rev. jur. env.*, 2020/2, vol. 45, p. 399-405.

Krzystof NIEDZIAŁKOWSKI, Renata PUTKOWSKA-SMOTER, « What makes a major change of wildlife management policy possible?

Institutional analysis of Polish wolf governance », *PLoS ONE* 15(4), 23 avril 2020, 19 pages.
Xavier PERROT, « Bêtes fauves, animaux malfaisants et nuisibles dans la loi du 3 mai 1844 sur la police de la chasse. Entre taxinomie administrative et casuistique », RSDA, n°1/2012, p. 365-390.
Michel PRIEUR, « Les tribunaux administratifs nouveaux défenseurs de l'environnement », *Rev. jur. env.*, 1977, vol. 2, n° 3, p. 237-239.
Michel PRIEUR et Laurent VASSALLO, « Le principe de non-régression et la biodiversité », *Rev. jur. env.*, vol. 44, p. 499-503.
Martine REMOND-GOUILLOUD, « À la recherche du futur. La prise en compte du long terme par le droit de l'environnement », *Rev. jur. env.*, 1992, vol. 17, n° 1, p. 5-17.
Damien THIERRY, « Faune et Flore - D'un plan loup à l'autre : un équilibre précaire entre respect d'une espèce protégée et défense des troupeaux », *Environnement n°11*, novembre 2014, p. 20.
Michel TROPER, « Ross, Kelsen et la validité », *Droit et société*, 2002, n° 1, p. 43-57.
Arie TROUWBORST, Floor M. FLEURKE, « Killing Wolves Legally: Exploring the Scope for Lethal Wolf Management under European Nature Conservation Law », *Journal of International Wildlife Law & Policy*, vol. 22, issue 3, novembre 2019, p. 231-273.
Arie TROUWBORST, « Megafauna Rewilding: Addressing Amnesia and Myopia in Biodiversity Law and Policy », *Journal of Environmental Law*, août 2021, 00, p. 1-29.
Jean UNTERMAIER, « Biodiversité et droit de la biodiversité », *Rev. jur. env.*, 2008, vol. 33, n° 1, p. 21-32.
Jean UNTERMAIER, « Une innovation durable : la protection de la faune et de la flore dans la loi du 10 juillet 1976 », *Rev. jur. env.*, 2016, vol. 41, n° 4, p. 647-663.

IV. Droit suédois

Ulf BERNITZ, « What is Scandinavian Law? », *Stockholm Institute for Scandinavian Law*, 2007, vol. 50, p. 13-30.
Anna CHRISTIERNSSON, « Is the Swedish Brown Bear Management in Compliance with EU Biodiversity Law? », *JEEPL*, 2019, vol. 16, n°3, p. 237-261.
Jan DARPÖ, « Justice through Environmental courts? Lessons learned from the Swedish Experience », 2007, disponible sur https://jandarpo.se.

Jan DARPÖ, « Brussels Advocates Swedish Grey Wolves », *Swedish Institute for European Policy Studies*, 2011 :8, 2011, disponible sur https://jandarpo.se.
Jan DARPÖ, « Study on the Implementation of Article 9.3 and 9.4 of the Aarhus Convention in 17 of the Member States of the European Union. National report from Sweden », 16 avril 2012, disponible sur http://jandarpo.se.
Jan DARPÖ, « Vargen och domstolscirkusen 1-3 - Om den svenska rovdjurspolitiken och mötet med EU-rätten », InfoTorg Juridik-Rättsbanken 2014-12-01, 2014-12-22 och 2014-12-30.
Jan DARPÖ, « The Commission: A Sheep in Wolf's Clothing? », *Journal for European Environmental & Planning Law*, décembre 2016, vol. 13, n° 34, p. 270-293.
Jan DARPÖ, « Klaga inte på vargen..! Om överklagandeförbudet i jaktförordningen och EU-rätten – Rättsfallskommentar till HFD 2015 ref. 79 », *Europarättslig tidskrift*, 2017, p. 111.
Jan DARPÖ, « Access to Justice in Environmental Decision-making in Sweden. Standing for the public concerned, the scope of review on appeal and costs. In The legal debate on access to justice for environmental NGOs », *Umweltbundesamt*. 99 2017, chapter 6, p. 125-150.
Yaffa EPSTEIN, Jan DARPÖ, « The Wild Has No Words », *JEEPL*, 2013, n°10.3, p. 250-261.
Yaffa EPSTEIN, Jan DARPÖ, « Thrown to the Wolves – Sweden once again flouts EU standards on species protection and access to justice », *NELJ*, 2015, vol. 1, p. 7-20.
Yaffa EPSTEIN, « Favourable Conservation Status for Species: Examining the Habitats Directive's Key Concept through a Case Study of the Swedish Wolf », *Journal of Environmental Law*, juillet 2016, vol. 28, n° 2, p. 221-244.
Yaffa EPSTEIN, « Killing Wolves to Save Them? Legal Responses to 'Tolerance Hunting' in the European Union and United States », *Review of European, Comparative & International Environmental Law*, avril 2017, vol. 26, n° 1, p. 19-29.
Yaffa EPSTEIN, « Biodiversity Protection: An Environmental Issue? On Sweden's Implementation of EU Species Protection Laws in Environmental and Sectoral Legislation », *NELJ*, 2019, vol. 1, p. 69-82.
Stig STRÖMHOLM, « Quelques traits de l'évolution historique des rapports juridiques franco-suédois », *RIDC*, vol. 24, n°2, avril-juin 1972, p. 357-365.
Stig STRÖMHOLM, « La philosophie du droit Scandinave », *RIDC*, 1980, vol. 32, n° 1, p. 5-16.

V. Articles scientifiques

Raphaël ARLETTAZ et al., « Poaching Threatens the Establishment of a Lynx Population, Highlighting the Need for a Centralized Judiciary Approach », *Frontiers in Conservation Science*, juin 2021, vol. 2, article 665000.

Guillaume CHAPRON, « Challenge the abuse of science in setting policy », *Nature*, vol. 516, 2014, p. 289.

Guillaume CHAPRON et al., « Recovery of large carnivores in Europe's modern human-dominated landscapes », *Science*, décembre 2014, vol. 346, n° 6216, p. 1517-1519.

Guillaume CHAPRON, Adrian TREVES, « Blood does not buy goodwill: allowing culling increases poaching of a large carnivore », *Proc. R. Soc*. B 283: 20152939.

Yaffa EPSTEIN, José Vicente LOPEZ-BAO, Guillaume CHAPRON, « A Legal-Ecological Understanding of Favorable Conservation Status for Species in Europe: Understanding favorable conservation status », *Conservation Letters*, mars 2016, vol. 9, n° 2, p. 81-88.

Yaffa EPSTEIN, José Vicente LOPEZ-BAO, Arie TROUWBORST, Guillaume CHAPRON, « EU Court: Science must justify future hunting », *Science*, vol. 366, Issue, 6468, p. 961.

Kristin Evensen GANGÅS, Bjørn P. KALTENBORN, Harry p. ANDREASSEN, « Environmental attitudes associated with large-scale cultural differences, not environmental conflicts », *In: Environmental Conservation*, février 2014.

Olof LIBERG et al., « Shoot, shovel and shut up: cryptic poaching slows restoration of a large carnivore in Europe », *Proceedings of the Royal Society B: Biological Sciences*, mars 2012, vol. 279, n° 1730, p. 910-915.

José Vicente LOPEZ-BAO et al., « Carnivore coexistence: Wilderness not required », *Science*, mai 2015, vol. 348, n° 6237, p. 871-872.

José Vicente LOPEZ-BAO, Floor FLEURKE, Guillaume CHAPRON, Arie TROUWBORST, « Legal obligations regarding populations on the verge of extinction in Europe: Conservation, Restoration, Recolonization, Reintroduction ». *Biological Conservation*, novembre 2018, vol. 227, p. 319-325.

François MOUTOU, « Le loup, Biologie, écologie, éthologie, aspects sanitaires », *RSDA*, 1/2014, p. 215-230.

Thomas M. NEWSOME et al., « Food habits of the world's grey wolves », *Mammal Review*, octobre 2016, vol. 46, n° 4, p. 255-269.

Jens PERSSON, Geir R. RAUSET, Guillaume CHAPRON, « Paying for an Endangered Predator Leads to Population Recovery: Paying for

predator conservation », *Conservation Letters*, septembre 2015, vol. 8, n° 5, p. 345-350.
Arie TROUWBORST, Luigi BOITANI, John D. C. LINNELL, « Interpreting 'favourable conservation status' for large carnivores in Europe: how many are needed and hor many are wanted? », *Biodiversity Conservation*, 2017, vol. 26, p. 37-61.

VII. RAPPORTS, GUIDES, ETUDES, TRAVAUX ET AVIS

Oscar ALARIK, « Rättsfallen om licensjakt efter varg i Sverige – bakgrund och kronologi », *Naturskyddsföreningen*, novembre 2016, 26 pages.
Julien BÉTAILLE, *Positive obligations to rescue small populations - A country study on the management of brown bear under the Habitats Directive in France*, Research report, Claws and Laws project, novembre 2017, 90 pages.
Guillaume CHAPRON et al., *Expertise collective scientifique sur la viabilité et le devenir de la population de loups en France à long terme,* sous la coordination ONCFS-MNHN de : M. GUINOT-GHESTEM, P. HAFFNER, E. MARBOUTIN, G. ROUSSET, A. SAVOURET-SOUBELET, JP. SIBLET, L. TRUDELLE, 2017, 93 pages.
Bruno CINOTTI, Jean-François LANDEL, Vincent DELBOS, Daniel ATZENHOFFER, Carole SIMONNOT, *Une justice pour l'environnement. Mission d'évaluation des relations entre justice et environnement*, Rapport CGEDD n° 012671-01, IGJ n° 019-19, 2019, 99 pages.
Jan DARPÖ (dir.), « Synthesis report of the study on the Implementation of Articles 9.3 and 9.4 of the Aarhus Convention in the Member States of the European Union », European Commission, 2013.
EUROPEAN ENVIRONMENT AGENCY et al., *State of nature in the EU: results from reporting under the nature directives 2007–2012*, LU, Publications Office, 2015, disponible sur https://data.europa.eu/doi/10.2800/603862, consulté le 27 mai 2021.
EUROPEAN ENVIRONMENT AGENCY, *State of nature in the EU: results from reporting under the nature directives 2013 2018*, LU, Publications Office, 2020, disponible sur https://op.europa.eu/publication/manifestation_identifier/PUB_THAL20018ENC, consulté le 27 mai 2021.

MINISTERE DE LA TRANSITION ECOLOGIQUE ET SOLIDAIRE, *L'environnement en France – édition 2019 | Rapport de synthèse*, La documentation Française, 2019.

MINISTERE DE LA TRANSITION ECOLOGIQUE ET SOLIDAIRE, MINISTERE DE L'AGRICULTURE ET DE L'ALIMENTATION, *Le loup et les activités d'élevage : comparaison européenne dans le cadre du plan national d'actions 2018/2023*, rapport CGEDD n° 012414-01, CGAAER n° 18097, établi par Thierry BOISSEAUX, Odile STEFANINI-MEYRIGNAC (CGEDD), Christian DEMOLIS et Michel VALLANCE (CGAAER), mai 2019.

PREFET DE LA REGION AUVERGNE-RHONE-ALPES, Dernière estimation de la population de loups en France, Communiqué de presse, 2022, disponible sur https://www.auvergne-rhone-alpes.developpement-durable.gouv.fr/communique-de-presse-derniere-estimation-de-la-a22021.html, consulté le 4 octobre 2022.

Richard DUMEZ (coord.), Isabelle ARPIN, Alix HUBERT, Marine LEGRAND, Nicolas LESCUREUX, Vanessa MANCERON, Baptiste MORIZOT, Coralie MOUNET, *Expertise scientifique collective sur les aspects sociologiques, culturels et ethnologiques de la présence du loup en France*, Expertise pour le Ministère de l'Environnement, de l'Énergie et de la Mer, Muséum national d'Histoire naturelle, Paris, 2017, 73 pages.

VIII. RESSOURCES ELECTRONIQUES

« Acuerdo entre el Gobierno y las comunidades autónomas para detener la caza del lobo en España », *ElDiario.es*, 4 février 2021, disponible sur https://www.eldiario.es/sociedad/acuerdo-detener-caza-lobo-espana_1_7192792.html, consulté le 22 mars 2021.

« El Gobierno pone fecha para el fin de la caza del lobo: el 25 de septiembre », *EL PAÍS*, 19 mai 2021, disponible sur https://elpais.com/clima-y-medio-ambiente/2021-05-19/el-gobierno-pone-fecha-para-el-fin-de-la-caza-del-lobo-el-25-de-septiembre.html, consulté le 19 mai 2021.

« Estatus legal », *Asociación para la Conservación y Estudio del Lobo Ibérico*, 23 mai 2014, disponible sur https://loboiberico.com/el-lobo/estatus-legal/, consulté le 31 mars 2021.

« Spanish farmers deeply split as ban on hunting wolves is extended », *the Guardian*, 6 mars 2021, disponible sur https://www.theguardian.com/world/2021/mar/06/spanish-farmers-deeply-split-as-ban-on-hunting-wolves-is-extended, consulté le 22 mars 2021.

« Biodiversity strategy for 2030 », disponible sur https://ec.europa.eu/environment/strategy/biodiversity-strategy-2030_en, consulté le 3 mai 2021.

Conférence du Conseil d'État, « De nouvelles frontières pour le juge administratif ? », 18 décembre 2020, disponible sur https://www.youtube.com/watch?v=Emy60g4o_6Y, consulté le 2 juillet 2021.

« Les chasseurs et les éleveurs quittent le comité loup de Haute-Savoie jusqu'à nouvel ordre », https://www.chassepassion.net/actualite-de-la-chasse/insolites/les-chasseurs-et-les-eleveurs-quittent-le-comite-loup-de-haute-savoie-jusqua-nouvel-ordre/, consulté le 8 juillet 2021.

Éric MILLARD, « Les manipulations du droit par les juristes », disponible sur https://www.youtube.com/watch?v=PECkF6sfq9c, consulté le 20 juillet 2021.

Julien BETAILLE, « La Cour de justice de l'Union européenne met le principe de précaution au service de la protection des espèces », disponible sur https://www.actu-environnement.com/blogs/julien-betaille/180/protection-espece-europe-loup-267.html, consulté le 21 juillet 2021.

« Le loup comme facteur économique en milieu rural », disponible sur https://www.eurolargecarnivores.eu/fr/feature/javier-talegon, consulté le 25 juillet 2021.

« Loup : un rapport suggère entre 15 et 20 % de braconnage en France », *FERUS*, 12 juillet 2021, disponible sur https://www.ferus.fr/actualite/loup-un-rapport-suggere-entre-15-et-20-de-braconnage-en-france, consulté le 3 août 2021.

« Fish and Wildlife Service », disponible sur https://www.fws.gov/home/wolfrecovery/, consulté le 3 août 2021.

EUROPEAN COMMISSION, What is 'favourable conservation status' for species? Researchers clear up misinterpretations, *Science for Environment Policy: 457*, 2015, consulté le 10 août 2021.

« Biodiversité : la COP 15 repoussée à octobre 2021 », *Actu-Environnement*, s.d., disponible sur https://www.actu-environnement.com/ae/news/biodiversite-cop15-octobre-2021-kunming-chine-37276.php4, consulté le 12 août 2021.

« Convention on Biological Diversity », *Convention on Biological Diversity*, disponible sur https://www.cbd.int/conferences/post2020, consulté le 13 août 2021.

Susan COSIER, « Scientists urged Wisconsin to limit its wolf kill. It didn't go well », *Science | AAAS*, 12 août 2021, disponible sur https://www.sciencemag.org/news/2021/08/scientists-urged-wisconsin-limit-its-wolf-kill-it-didn-t-go-well, consulté le 16 août 2021.

« Les négociations de la COP15 sur la biodiversité de nouveau repoussée, à avril 2022 », *Sciences et Avenir*, 18 août 2021, disponible sur https://www.sciencesetavenir.fr/animaux/biodiversite/covid-la-cop15-sur-la-biodiversite-de-nouveau-repoussee-a-avril-2022_156674, consulté le 19 août 2021.

TABLE DES PRINCIPALES DÉCISIONS DE JURISPRUDENCE

Les renvois correspondent aux numéros de paragraphes.

Décisions de jurisprudence espagnoles

TSJ Castille-et-León, 13 novembre 2009, n°2878/2009 : **170**.
TS, 22 mars 2013, STS 1560/2013 : **170**.
TSJ Castille-et-León, 30 septembre 2015, n°4323/2015 : **170**.
TSJ Castille-et-León, 26 avril 2018, *ASCEL c/ Consejería del medio ambiente - junta de Castilla y León*, n°135/2018 : **170**.
TSJ Castille-et-León, 29 juin 2018, *ASCEL c/ Consejería del medio ambiente - junta de Castilla y León*, Auto : **170**.
TSJ Pays-Basque, 4 juillet 2019, n°339/2019 : **177**.
TSJ Castille-et-León, 12 décembre 2019, *ASCEL c/ Consejería del medio ambiente - junta de Castilla y León*, n°5084/2019 : **170**.
TS, 12 février 2021, ATS 1167/2021 : **170**.

Décisions de jurisprudence françaises

TA Paris, 3 février 2021, *Association Oxfam France et a.*, n°1904967, n°1904968, n°1904972, n°1904976/4-1 : **54**.
CE, 31 juillet 1996, *Sté. nat. Protection nature*, n°153299 : **86**.
CE, 30 décembre 1998, *Chambre agriculture Alpes-Maritimes*, n°188159 : **86**.
CE, 8 décembre 2000, *Commune de Breil-sur-Roya*, n°204756 : **67**.
CE, 19 novembre 2020, *Commune de Grande-Synthe*, n°427301 : **54**.
CE, 1er juillet 2021, *Commune de Grande-Synthe.*, n°427301 : **54**.

Décisions de jurisprudence suédoises

KST, 7 février 2013, n°4390-12 et n°4396-12 : **146**.
HFD, 28 juin 2012, n°2687-12 : **146**.
HFD, 18 décembre 2015, n°312-15, ref. 79 : **148**.
HFD, 2016, ref. 89 : **151**.

Décisions de jurisprudence de droit européen

CJCE, 5 février 1963, *Van Gend et Loos*, aff. 26/62 : **67**.
CJCE, 15 juillet 1964, *Costa c/ Enel*, aff. 6/64 : **66**.
CJCE, 4 décembre 1974, *Van Duyn*, aff. 41-74 : **67**.
CJCE, 9 mars 1978, *Simmenthal*, aff. C-106/77 : **67**.
CJCE, 5 avril 1979, *Ratti*, aff. 148/78 : **67**.
CJCE, *Marshall*, 2 février 1986, aff. 152/84 : **67**.
CJCE, 8 octobre 1987, *Kolpinghuis Nijmegen*, aff. 80/86 : **68**.
CJCE, 21 septembre 1989, *Commission / Grèce*, aff. n°68/88 : **68**.
CJCE, 18 décembre 1997, *Inter-Environnement Wallonie*, aff. C-129/96 : **68**.
CJCE, 30 janvier 2003, *Commission/Grèce*, aff. C-103/00 : **149**.
CJCE, 11 janvier 2007, *Commission/Irlande*, aff. C-185/05 : **149**.
CJCE, 14 juin 2007, *Commission c. Finlande*, aff. C-342/05 : **69, 150**.
CJUE, 15 octobre 2009, *Djugården-Lilla Värtans Miljöskyddsförening* (DLV), aff. C-263/08 : **146**.
CJUE, 8 mars 2011, *Lesoochranárske zoskupenie VLK*, aff. C-240/09 : **148**.
CJUE, 9 juin 2011, *Commission c/ France*, aff. C-383/09 : **68, 149**.
CJUE, 10 octobre 2019, *Tapiola*, aff. C-674/17 : **69, 93, 150 à 151, 160, 164, 170, 173**.
CJUE, 4 mars 2021, *Föreningen Skydda Skogen et a.*, aff. C-473/19 et C-474/19 : **56**.

Autres décisions de jurisprudence

Hague District Court, 24 juin 2015, *Urgenda Foundation vs Government of the Netherlands (Ministry of Infrastructure and Environment)*, Case C/09/456689/HA ZA 13-1396 : **54**.
Norges Høyesterett, 26 mars 2021, *Staten v/Klima- og miljødepartementet*, HR-2021-662-A, (sak nr. 20-055609SIV-HRET) : **74**.

INDEX THÉMATIQUE

Les renvois correspondent
aux numéros de paragraphes.

Acceptabilité compensée (du risque), 184.
Acceptabilité sociale, 108 à 112.
Adaptabilité de l'espèce, 126, 131 à 133.
Analyse quantitative, 153 à 163.
Andalousie (population de loups gris éteinte), 85, 128.
Associations de protection de l'environnement :
- **accès à la justice**, 143 à 146, 148.
- **action non contentieuse**, 176 à 179
- **contentieux**, v. contentieux associatif.
Cascade trophique, 181, 182.
Causalité, v. corrélation.
Commission européenne, 32, 50, 70 à 72, 84, 148.
Compétence (environnementale, de la) :
- **Espagne** (de l'), 12, 85, 171.
- **France**, 13.
- **Suède**, 14.
- **Union européenne** (de l'), 33 à 34.
Consanguinité (de la population suédoise de loup gris), 114, 153.
Conservation (de la nature transfrontalière), 191 à 193.
Contentieux :
- **associatif**, 153 à 155.
- **climatique**, 53 à 55.
- **pénal**, 174.
- **urgence** (de l'), 161 à 163.
Convention d'Åarhus, 143.
Convention de Berne (1979), 29 à 31, 40 à 42, 66, 74, 79, 83, 86, 89, 181.
Convention sur la diversité biologique, 25.
Corrélation, causalité (distinction), 113 à 115, 119, 127 à 128.
Couvert forestier, 89, 131, 133.
Déclaration de Stockholm, 25.
Délibération démocratique de la norme, 111, 184.
Droit dur, droit souple, 25.

Dynamique (des populations du loup gris), 7.
Éco-tourisme, 180.
Éoliennes, 126.
Équilibre (du droit), 79 à 81.
État de conservation favorable :
- **définition**, 49 à 52.
- **échéance**, 53, 56.
Exode rural, 89, 109, 131, 133.
Habitats (directive), 40 à 42, 80, 89 à 90, 92, 114, 128.
Interprétation (téléologique),
- **définition**, 147.
- **directive Habitats** (de la), 149 à 151.
Louveterie, 1.
Lynx, 7, 126, 128, 183.
Méthode :
- **analyse jurisprudentielle** (d'), 16.
- **droit comparé**, 10 à 11.
- **interdisciplinaire**, 4 à 6, 117 à 121.
Motifs (de dérogation), 158 à 160.
Norvège, 74, 91 à 92.
Obligation de résultat (directives), 68.
Ours brun, 126, 128.
Paiements pour les résultats en conservation, 183 à 184.
Plan (de gestion de l'espèce), v. obligation de résultat.
Politiques d'éradication de l'espèce, 7, 89.
Pologne, 181 à 182.
Préjudice écologique, 170 à 171.
Programmes d'action pour l'environnement : 29 à 32, 40.
Principe (de) :
- **attribution** (d'), 33.
- **effet direct** (d'), 67.
- **précaution**, 150 à 151.
- **primauté**, 66.
- **proportionnalité**, 34.
- **subsidiarité**, 34, 91.
Recours en manquement, 69 à 71.
Référé-suspension, v. contentieux de l'urgence.
Régime alimentaire de l'espèce, 131 à 133.
Reproduction de l'espèce, 130.
Responsabilité :
- **administrative**, 169 à 171.
- **pénale**, 172 à 174.
Sanctions positives, 180 à 184.
Suède (mythe du pays « pionnier »), 11.
Tapiola (arrêts CJUE, 2019), 69, 93, 150 à 151, 160, 164, 170, 173.
Transversalité (du droit), v. méthode interdisciplinaire.
Utilitarisme, 23, 182.
Yellowstone (parc du), 181 à 182.

ANNEXES

Annexe 1 : Dynamique des populations de loup gris en Espagne, en France et en Suède.

Annexe 2 : Tableau récapitulatif du régime juridique applicable au loup gris en Espagne aux niveaux national et des communautés autonomes.

Annexe 1 : Dynamique des populations de loup gris en Espagne, en France et en Suède

Tableau 1. Dynamique des populations de loup gris en Espagne

Espagne	1988	2002	2007	2012-2014
Nombre de loups	1500	2000	Abs.	Environ 2200
Nombre de meutes	Abs.	Abs.	250	297

Sources : Censo 2012-2014 de lobo ibérico en España et site internet de l'association ASCEL, disponible sur https://loboiberico.com/el-lobo/el-lobo-en-la-peninsula-iberica/).

Tableau 2. Dynamique des populations de loup gris en France

France	2000	2009	2012	2016	2018	2019	2020	2022
Nombre de loups	30	180	200	360	430	530	577	921
Nombre de zones de présence permanente (ZPP)	10	25	30	57	74	93	100	

Source : Réseau Loup-Lynx de l'Office français de la biodiversité, disponible sur https://www.loupfrance.fr/suivi-du-loup/situation-du-loup-en-france/) et Préfet de la région Auvergne-Rhône-Alpes, Dernière estimation de la population de loups en France, Communiqué de presse, 2022, disponible sur https://www.auvergne-rhone-alpes.developpement-durable.gouv.fr/communique-de-presse-derniere-estimation-de-la-a22021.html.

Tableau 3. Dynamique des populations de loup gris en Suède

Suède	1999	2004	2007	2010	2014	2016	2018	2020
Nombre de loups	34	95	160	245	415	355	300	365

Sources : Agence suédoise de protection de l'environnement, disponible sur https://www.naturvardsverket.se/Sa-mar-miljon/Vaxter-och-djur/Rovdjur/Fakta-om-varg/ et projet « Skandulv », disponible sur https://www.slu.se/en/departments/ecology/research/teman/wildlife-and-predators-/skandulv/Research/).

Annexe 2 : Tableau récapitulatif du régime juridique applicable au loup gris en Espagne aux niveaux national et des communautés autonomes

Tableau 4. Récapitulatif du régime juridique applicable au loup gris en Espagne, à jour du 31 mars 2021

NIVEAU NATIONAL	**Liste**	**Catalogue**	**Espèce cynégétique**	**Plan de gestion**	**Plan de récupération**	**Contentieux**
Espagne	Oui	Non	X	Oui (mais caduc), en élaboration	Non	Faible
COM. AUT. NORD FLEUVE DUERO (Annexe V dir. Habitats)	**Liste**	**Catalogue**	**Espèce cynégétique**	**Plan de gestion**	**Plan de récupération**	**Contentieux**
Galice	Non	Non	Oui	Oui	Non	Absent
Asturies	Non	Non	Oui	Oui	Non	Faible
Cantabrie	Non	Non	Oui	Oui	Non	Faible
Castille-et-Léon	Non	Non	Oui	Oui	Non	Important
La Rioja	Non	Non	Oui	Non	Non	Absent
Pays Basque	Non	« Intérêt spécial »	Non	En élaboration	Non	Faible
Navarre	Non	De 1995 à 2019	Non	Non	Non	Absent
COM. AUT. SUD FLEUVE DUERO (Annexe IV dir. Habitats)	**Liste**	**Catalogue**	**Espèce cynégétique**	**Plan de gestion**	**Plan de récupération**	**Contentieux**
Aragon	Non	Non	Non	Non	Non	Absent
Madrid	Non	Non	Non	Non	Non	Absent
Catalogne	Non	Oui, mais non approuvé par l'exécutif	Non	Non	Non	Absent
Communauté valencienne	Non	Non	Non	Non	Non	Absent
Murcie	Non	« Espèce éteinte »	Non	Non	Non	Absent
Estrémadure	Non	« En danger d'extinction »	Non	Non	Non, mais obligation légale depuis 2001	Absent
Castille-la-Manche	Non	« En danger d'extinction »	Non	Non	Non, mais obligation légale depuis 1998	Absent
Andalousie	Oui	« Régime de protection spéciale »	Non	Oui	Non	Action non contentieuse notable

Source : association ASCEL, les références des réglementations autonomes sont disponibles sur : https://loboiberico.com/el-lobo/estatus-legal/, consulté le 31 mars 2021).

TABLE DES MATIÈRES

SOMMAIRE **11**

REMERCIEMENTS **13**

PRÉFACE **15**

AVANT-PROPOS **21**

PRINCIPALES ABRÉVIATIONS ET PRINCIPAUX SIGLES **27**

Abréviations relatives aux publications 27
Abréviations relatives aux institutions 27
Divers 27

INTRODUCTION **29**

I. Définition et appréhension scientifique de l'objet de recherche 30
II. L'intérêt de proposer une méthode d'évaluation du droit 37
III. Une approche de droit comparé contextuelle 38
IV. Méthodologie pratique de recherche 44
V. Problématique et hypothèse de recherche 46

PREMIÈRE PARTIE
Un système normatif orienté vers la réalisation de l'objectif **49**

TITRE I
La juridicisation sophistiquée de l'objectif **51**

CHAPITRE 1
La consécration européenne d'un objectif naissant en droit international **53**

Section 1. Un contexte international favorable à la protection de la biodiversité 53
§1. La maturation lente du droit international de la biodiversité 54
A. Un utilitarisme impertinent dans la première moitié du XXe siècle 54

B. Le rôle précurseur du droit souple.....56
§2. La consécration de la protection de l'espèce par la Convention de Berne.....58
Section 2. Une énonciation de l'objectif parachevée par l'Union européenne.....61
§1. La formulation progressive d'un objectif de conservation de la biodiversité.....61
§2. L'évolution nécessaire des compétences environnementales de l'Union européenne.....64

CONCLUSION DU CHAPITRE 1.....67

CHAPITRE 2
La traduction juridique de l'objectif.....69

Section 1. Une articulation entre droit international et interne réalisée par l'Union européenne.....69
§1. L'énonciation juridique de l'objectif par la directive Habitats.....69
§2. Une transposition inégale de l'objectif en droit interne.....72
Section 2. Les caractéristiques de l'objectif.....75
§1. Une définition juridico-écologique sophistiquée de l'objectif.....75
§2. L'absence d'une échéance associée à la réalisation de l'objectif.....77

CONCLUSION DU CHAPITRE 2.....83

CONCLUSION DU TITRE I.....85

TITRE II
L'insertion de l'objectif dans un ordre juridique européen efficace.....87

CHAPITRE 1
Les facteurs d'efficacité de l'ordre juridique de l'Union européenne.....89

Section 1. Les facteurs favorisant l'applicabilité du droit.....89
§1. La portée du droit de l'Union européenne.....90
A. Le principe de primauté du droit européen.....90
B. Le principe de l'effet direct des normes européennes.....91
C. L'obligation de résultat des directives.....92
§2. La mobilisation nécessaire du recours en manquement par la Commission européenne.....94
Section 2. La comparaison entre État membre et État non-membre comme preuve de l'efficacité de l'ordre juridique européen.....96

CONCLUSION DU CHAPITRE 1.....99

CHAPITRE 2
L'établissement d'un régime juridique permettant la réalisation de l'objectif....................101

Section 1. L'édiction de la directive Habitats....................101
§1. Un régime juridique de la faune sauvage équilibré....................101
§2. Les conditions de transposition du régime juridique de la directive.104
Section 2. L'apport du droit européen de l'environnement aux États membres....................108
§1. Un apport substantiel modéré au droit de la protection des espèces.108
§2. Un intérêt pour la conservation de la nature transfrontalière....................111

CONCLUSION DU CHAPITRE 2....................115

CONCLUSION DU TITRE II....................117

CONCLUSION DE LA PARTIE I....................119

DEUXIÈME PARTIE
Les facteurs possibles contribuant à la réalisation de l'objectif....................121

TITRE I
Les facteurs extra-juridiques favorisant le développement de l'espèce..123

CHAPITRE 1
Les obstacles à l'étude juridique de facteurs extra-juridiques....................125

Section 1. L'appréhension complexe de la pluralité des facteurs de contribution....................125
§1. La mesure difficile de la contribution : illustration avec l'acceptabilité sociale de l'espèce....................126
§2. Le démêlement compliqué de relations causales enchevêtrées....................129
Section 2. Les difficultés épistémologiques de l'intégration des facteurs extra-juridiques....................131
§1. L'intérêt de la considération de facteurs extra-juridiques pour la connaissance du droit....................131
§2. Un degré d'interdisciplinarité variant selon la méthode retenue....................134

CONCLUSION DU CHAPITRE 1....................137

CHAPITRE 2
Les facteurs naturels de contribution à l'objectif....................139

Section 1. Les facteurs écologiques....................139
§1. L'adaptabilité écologique et le faible sujet au dérangement de l'espèce....................139
§2. La dispersion naturelle de l'espèce....................141

Section 2. Les facteurs biologiques 143
§1. Un potentiel reproducteur supérieur à d'autres espèces protégées....143
§2. L'opportunisme alimentaire de l'espèce 144

CONCLUSION DU CHAPITRE 2 ....**147**

CONCLUSION DU TITRE I...**149**

TITRE II
Les facteurs juridiques de mobilisation du système normatif................**151**

CHAPITRE 1
L'intérêt fondamental du contentieux de la protection de l'espèce **153**

Section 1. Les facteurs permettant l'efficacité du contentieux.....................153
§1. L'accès à la justice des associations de protection
de l'environnement...154
§2. L'interprétation téléologique de la norme 157
Section 2. L'apport du contentieux de la protection de l'espèce...................161
§1. Une efficacité importante du contentieux de la légalité 162
A. La contribution majeure du contentieux associatif
à la protection de l'espèce...162
B. Un impact important des contentieux
sur les destructions annuelles de loups...164
§2. Une appréhension contentieuse incomplète de l'urgence 167

CONCLUSION DU CHAPITRE 1 ....**171**

CHAPITRE 2
Les facteurs de mobilisation de la norme insuffisamment exploités.......**173**

Section 1. La sanction de la violation de la norme......................................173
§1. L'insuffisance de la responsabilité de la puissance publique............173
§2. Le manque d'effectivité de la répression pénale des atteintes
aux espèces protégées...176
Section 2. La mobilisation non contentieuse de la norme 180
§1. L'action des associations pour l'extension du régime juridique
applicable à l'espèce...180
§2. La contribution supplétive des sanctions positives 183

CONCLUSION DU CHAPITRE 2 ....**189**

CONCLUSION DU TITRE II..**191**

CONCLUSION DE LA PARTIE II...**193**

CONCLUSION GÉNÉRALE..**195**

BIBLIOGRAPHIE..201

I. Dictionnaires, encyclopédies et sites internets essentiels...........................201
II. Ouvrages, manuels et traités 202
III. Thèses et mémoires..204
IV. Mélanges..205
V. Contribution à des ouvrages collectifs, actes de colloques......................205
VI. Articles...207
VII. Rapports, guides, études, travaux et avis 214
VIII. Ressources électroniques 215

TABLE DES PRINCIPALES DÉCISIONS DE JURISPRUDENCE.....219

Décisions de jurisprudence espagnoles...219
Décisions de jurisprudence françaises 219
Décisions de jurisprudence suédoises...220
Décisions de jurisprudence de droit européen 220
Autres décisions de jurisprudence 220

INDEX THÉMATIQUE...221

ANNEXES 223

Annexe 1 : Dynamique des populations de loup gris en Espagne,
en France et en Suède 224
Annexe 2 : Tableau récapitulatif du régime juridique applicable au loup gris
en Espagne aux niveaux national et des communautés autonomes 225

Structures éditoriales du groupe L'Harmattan

L'Harmattan Italie
Via degli Artisti, 15
10124 Torino
harmattan.italia@gmail.com

L'Harmattan Hongrie
Kossuth l. u. 14-16.
1053 Budapest
harmattan@harmattan.hu

L'Harmattan Sénégal
10 VDN en face Mermoz
BP 45034 Dakar-Fann
senharmattan@gmail.com

L'Harmattan Cameroun
TSINGA/FECAFOOT
BP 11486 Yaoundé
inkoukam@gmail.com

L'Harmattan Burkina Faso
Achille Somé – tengnule@hotmail.fr

L'Harmattan Guinée
Almamya, rue KA 028 OKB Agency
BP 3470 Conakry
harmattanguinee@yahoo.fr

L'Harmattan RDC
185, avenue Nyangwe
Commune de Lingwala – Kinshasa
matangilamusadila@yahoo.fr

L'Harmattan Congo
219, avenue Nelson Mandela
BP 2874 Brazzaville
harmattan.congo@yahoo.fr

L'Harmattan Mali
ACI 2000 - Immeuble Mgr Jean Marie Cisse
Bureau 10
BP 145 Bamako-Mali
mali@harmattan.fr

L'Harmattan Togo
Djidjole – Lomé
Maison Amela
face EPP BATOME
ddamela@aol.com

L'Harmattan Côte d'Ivoire
Résidence Karl – Cité des Arts
Abidjan-Cocody
03 BP 1588 Abidjan
espace_harmattan.ci@hotmail.fr

Nos librairies en France

Librairie internationale
16, rue des Écoles
75005 Paris
librairie.internationale@harmattan.fr
01 40 46 79 11
www.librairieharmattan.com

Librairie des savoirs
21, rue des Écoles
75005 Paris
librairie.sh@harmattan.fr
01 46 34 13 71
www.librairieharmattansh.com

Librairie Le Lucernaire
53, rue Notre-Dame-des-Champs
75006 Paris
librairie@lucernaire.fr
01 42 22 67 13

www.ingramcontent.com/pod-product-compliance
Lightning Source LLC
LaVergne TN
LVHW011021061026
849535LV00006B/1993